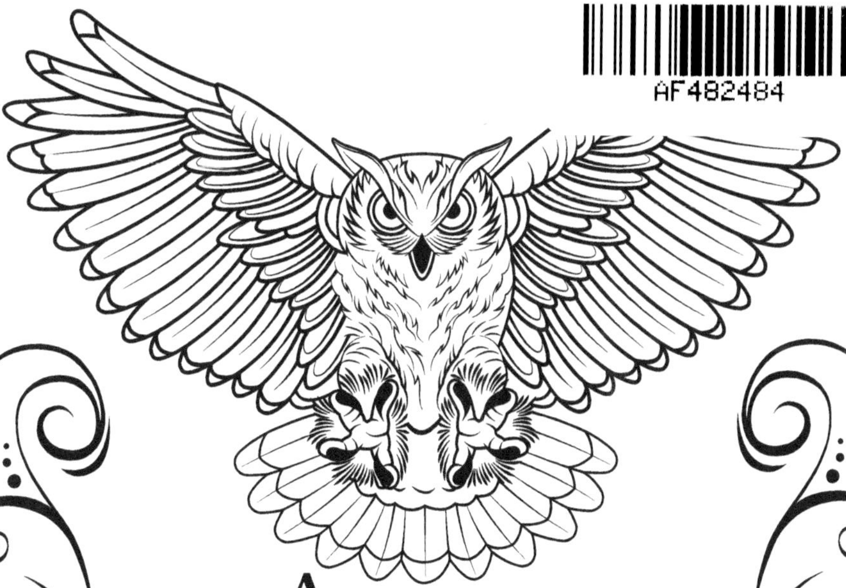

A ARTE DA SABEDORIA

BALTASAR GRACIÁN

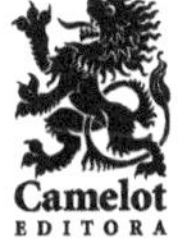

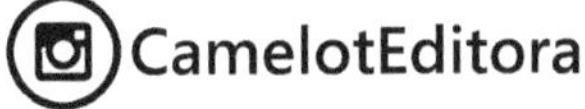

Presidente: Paulo Roberto Houch
MTB 0083982/SP

Coordenação Editorial: Priscilla Sipans
Coordenação de Arte: Rubens Martim
Tradução e preparação de texto: Fabio Kataoka
Revisão: Aline Ribeiro
Diagramação: Rogério Pires

Vendas: Tel.: (11) 3393-7727 (comercial2@editoraonline.com.br)

Foi feito o depósito legal.

Dados Internacionais de Catalogação na Publicação (CIP)
(eDOC BRASIL, Belo Horizonte/MG)

G731a	Gracián, Baltasar.
	    A arte da sabedoria / Baltasar Gracián. – Barueri, SP: Camelot, 2021.
	    15,5 x 23 cm
	
	    ISBN 978-65-87817-90-3
	
	    1. Ficção brasileira. 2. Literatura brasileira – Romance. I. Título.
	                                                                                      CDD B869.3

Elaborado por Maurício Amormino Júnior – CRB6/2422

Direitos reservados à
IBC — Instituto Brasileiro de Cultura LTDA
CNPJ 04.207.648/0001-94
Avenida Juruá, 762 — Alphaville Industrial
CEP. 06455-010 — Barueri/SP
www.editoraonline.com.br

PREFÁCIO

A arte da sabedoria.

Título intrigante esse. Não acham?

Caso você não tenha encontrado nessa tal "arte da sabedoria" nenhum motivo para estranhamento, sinto-me obrigado desde já a justificar o meu.

Tanto a palavra arte quanto a palavra sabedoria podem abrigar mais de um significado. São conceitos que mereceram, cada um deles, muita tinta. E não poucos tratados.

Desse modo, para quem assume a responsabilidade de escrever o prefácio desta obra, só esse seu título já "dá e sobra", como dizíamos antes no balcão das lojas de tecidos. A tentação é grande de evacuar o problema do modo mais simples. Alguns parágrafos sobre arte, outros sobre sabedoria e... voilà, missão cumprida.

Mas essas duas letras "da", que estão a unir "arte" e "sabedoria", essas, sim, sugerem maior dificuldade. Afinal, o autor não escreveu dois textos, um sobre arte e outro sobre sabedoria. Tampouco os reuniu com um singelo "e". Ele fez questão do "da". Sem o exame do seu significado, não podemos saber de que se trata o livro. Simples assim.

Resta-nos, então, encarar a seguinte pergunta: quando afirmamos que uma coisa é da outra, como no caso da arte da sabedoria, o que exatamente estamos querendo dizer?

A leitura deste prefácio ficará mais leve se investigarmos esse significado em expressões outras, menos abstratas, e com a mesma estrutura: isto é, que também se sirvam da preposição de, fundida ou não aos artigos o e a, só que entre substantivos, digamos, mais palpáveis.

Comecemos, então, ao acaso, por "casa da Joana". Que como sabemos pariu gêmeos e – abraçando aqui de vez as expressões populares – ficou imortalizada na condição de mãe, além de dona da sua casa.

Ora, "casa da mãe Joana" indica que a casa lhe pertence. Estamos a falar de posse ou propriedade.

A iniciativa foi simpática, mas suponho não ser nisso que pensou o Baltasar ao definir o título deste seu livro. A sabedoria como dona da arte. Fica estranho. Não parece ser o caso.

Um pouco diferente é o sentido de "manga do paletó". O que se pretende indicar nessa segunda expressão é a parte, manga, em face do todo, paletó.

A arte da sabedoria, nesse caso, indicaria o pedaço específico da sabedoria, a saber, a arte. Nesse sentido, a obra seria um ensaio sobre arte. Tanto quanto um texto com título "a manga do paletó" teria por objeto a manga.

Ora, a leitura das primeiras páginas basta para desmentir a hipótese. Não é disso que se trata.

Encontramos a mesma construção mediada pela preposição de em "doce de abóbora". Com coco, a quem possa apetecer. Nesse caso, a abóbora não é dona do doce. Tampouco uma parte dele. Mas esse é feito dela ou a partir dela, tendo-a como ingrediente master.

Há aqui dois sentidos vizinhos: de constituição e de origem. O doce é feito de abóbora, no sentido daquilo que o constitui, ou, o mesmo doce feito a partir da abóbora, o que não é exatamente a mesma coisa.

Em ambos os casos, não ganhamos em clareza para dar conta do que o nosso autor quis dizer. Entre arte e sabedoria, um não é feito do outro. A seguir essa esteira semântica, arte seria feita de sabedoria ou a partir dela.

Sempre se poderia forçar a mão aqui e acolá. Mas, mesmo se conseguíssemos encontrar vínculos com alguma elegância, não haveria ganho, para além do mais óbvio. Daquilo que já sabemos desde sempre.

Que arte tem a ver com sabedoria. Ambas podem figurar junto em alguma frase. Afinal, sabedoria é pensamento sobre a vida, quando essa vida é humana. E a arte também pode ter essa mesma vida como inspiração. Mas daí a uma ser feita da outra, são outros quinhentos, como dizia minha mãe. E escrever um livro todo a partir dessa hipótese sugere subir em mais quinhentos a aposta, sem medo.

O certo é que continuamos longe do que se passava no espírito do autor para ter escolhido esse título. Mas não vamos desistir tão fácil.

Achemos no uso daquela estrutura outros sentidos possíveis. Por exemplo, em "ferro de passar". Neste caso, a preposição de indica finalidade. Ferro para passar roupa. Instrumento usado para tal.

Esse sentido, aplicado à arte e à sabedoria, exige uma adaptação. A conversão do segundo termo em verbo. Saber no lugar de sabedoria. E teríamos arte de saber, portanto.

Tratando-se, nesse caso, de uma finalidade, a arte do autor seria para o saber. Usada para o saber. Destinada ao saber. Voltada à prática do saber. Instrumento do saber.

De tudo que foi dito até aqui, este parece ser, num primeiro relance, o sentido mais plausível.

Mas o leitor terá percebido a pirueta inicial. Trocar sabedoria por saber — como se não houvesse nessa troca agressão semântica alguma — foi o que nos permitiu essa lufada de pertinência aparente.

Com certeza, a arte pode ser instrumento de aprendizado e de saber. Aristóteles via na imitação de fragmentos do mundo implementado pela pintura e pela escultura, por exemplo, um magnífico recurso pedagógico. Mas o livro do Baltasar não é sobre isso. De jeito nenhum.

Quando você pensa em arte, talvez venham logo ao espírito as ditas belas-artes. A pintura, a escultura, a música, a poesia, a arquitetura, a dança. E haverá quem vá mais longe, incluindo o teatro, o romance, o cinema e outras mais.

Existe em toda arte a gestação de algo para além da atividade artística. Como no conceito grego de poiesis. Uma ação que faz surgir alguma coisa fora dela. Para além dela.

Assim, a tela vai além do manuseio do pincel, a escultura que é outra em relação à matéria esculpida, a canção que supera o fazer do compositor, o edifício que é mais do que o seu projeto, e por aí vai. Trata-se de uma obra. Obra de arte. De um pedaço de matéria transformado pelo homem a partir de um conjunto de intervenções com certas características específicas.

Essa atividade é estritamente humana. Há na produção artística uma consciência do seu processo supostamente ausente entre viventes não humanos.

O pássaro joão-de-barro faz a sua casa. As abelhas e formigas também constroem seus abrigos. Mas a arquitetura, enquanto arte, não se confunde com esses movimentos estritamente instintivos da animalidade não humana.

A natureza, com efeito, não é artista. Ainda que bela. Incomparável. Insuperável em beleza. Como o pôr do sol em Serra Negra, que não foi o homem que fez.

Mas a arte nem sempre foi só bela arte. A palavra vem do latim, que em grego se dizia tekhné, conjunto de instrumentos e de saberes adequados para alcançar um certo resultado previamente estabelecido.

O significado desses termos, arte e técnica, evoluiu em paralelo e em distanciamento progressivo. A técnica passou a se distinguir cada vez mais da arte por sua impessoalidade.

Um instrumento técnico pode ser fabricado por qualquer um, seguindo um protocolo a partir de recursos adequados. O mesmo não acontece com uma obra de arte. Talvez por isso mesmo o trabalho do artista seja avaliado pela régua da sensibilidade, enquanto que o do técnico, pela eficiência do que produziu.

O certo é que toda arte pode fazer pensar em inovação, em transgressão, em vanguarda. E, nesse caso, estaríamos bem mais próximos do que pretende a obra do nosso autor. Uma reflexão sobre a vida, em suas múltiplas situações e cenários, que se pretende em ruptura com um certo senso comum da época. Essa interpretação não destoa do que é apresentado e discutido na obra e parece, enfim, jogar alguma luz sobre o espírito do seu autor.

A arte também pode fazer pensar em beleza. Em tudo que é belo. E, nesse caso, Baltasar estaria denunciando a beleza da vida quando regida pela inteligência, condicionada pelo uso de uma certa razão, isto é, à luz de uma certa sabedoria. A aposta semântica não é absurda, ainda que muito do que o livro sugere tem mais a ver com "não se dar muito mal" do que em viver belamente a vida.

Bem. Os limites editoriais exigem que eu me despeça. Sem demonstrações de teorema ou conclusões de anotar no caderninho.

Como se não bastasse toda essa carência de certezas, nada foi dito aqui sobre o Baltasar. Sua vida, sua obra, suas ideias. Números de toques, de palavras e de laudas exigem escolhas de cobertor curto. E prefácios não têm receitas claras. Optei, assim, por problematizar o título da obra.

As informações biográficas do autor, sempre importantíssimas para a boa compreensão do que escreveu, poderão ser facilmente encontradas com um par de cliques.

O nosso Baltasar Gracián era jesuíta e viveu na primeira metade do século XVI. E isso é relevante demais. O resto fica por sua conta. Boa pesquisa e boa leitura, deste livro pra lá de fascinante.

Clóvis de Barros Filho
Palestrante, escritor e apresentador

INTRODUÇÃO

As trezentas máximas ou aforismos, de Baltasar Gracián, se tornaram conhecidas em português como *A Arte da Sabedoria – Oráculo de Bolso e Arte da Prudência* ou *A Arte da Prudência*. O título original da obra, em espanhol, é *Oráculo Manual y Arte de Prudencia*.

O livro foi publicado em 1647 e continua atual e inspirador até hoje, depois de mais de 370 anos. São orientações para se evoluir como ser humano e viver plenamente. Os ensinamentos não carregam cunho religioso ou espiritual. Trazem considerações filosóficas simples e curtas que podem ser lidas em sequência ou aleatoriamente.

Há poucos documentos sobre a vida de Baltasar Gracián. Alguns pesquisadores concluíram que ele era filho de uma família numerosa sem muitos recursos, apesar do pai ser médico. Muitos dos seus irmãos morreram crianças.

Baltasar prosseguiu seus estudos com a orientação de um tio, que era capelão da cidade de Toledo. Assim, aos dezoito anos, entrou muito preparado para a Companhia de Jesus, onde foi aluno brilhante e chegou a reitor no colégio jesuíta situado em Tarragona.

Baltasar Gracián foi um grande observador da natureza humana e das artimanhas do poder, que expôs com grande concisão e lucidez em suas obras. Filósofo e literato, foi professor de gramática e escreveu sete livros, alguns sobre estilo e arte da escrita e outros que tecem críticas à sociedade da época, que foram inicialmente publicados sob pseudônimos.

1

TUDO PODE CHEGAR À PERFEIÇÃO, E TORNAR-SE UMA VERDADEIRA PESSOA É A MAIOR PERFEIÇÃO DE TODAS

Atualmente, exige-se mais de um único sábio do que antigamente de sete. Agora são necessários mais recursos para se lidar com um só homem do que com um povo todo no passado.

2

CARÁTER E INTELIGÊNCIA

São as características que fazem brilhar as qualidades, um sem o outro traz apenas felicidade parcial. Não basta ser inteligente, também é preciso ter caráter. O tolo fracassa por desconsiderar sua condição, posição, origem e amizades.

3

MANTENHA O SUSPENSE

A surpresa do êxito leva à admiração. Revelar a estratégia toda não é útil nem dá prazer. Quando você evita chamar a atenção de imediato, desperta curiosidade, principalmente em relação a assuntos importantes e que geram expectativas. O mistério causa reverência. Mesmo ao se revelar, convém evitar a franqueza total e não permitir que todos conheçam seu íntimo. É no silêncio cauteloso que a prudência se refugia. As decisões, uma vez declaradas, não são valorizadas como deveriam e provocam críticas. Em caso de falhas, o resultado é duas vezes pior. Para manter a atenção e o interesse das pessoas, conserve o mistério, a exemplo da sabedoria divina.

4

SABER E CORAGEM SE UNEM PARA A GRANDEZA

Sendo qualidades imortais, podem imortalizar o homem. Somos o que sabemos, logo os sábios são capazes de tudo. Um homem sem conhecimento é um mundo às escuras. O discernimento e a força são como os olhos e as mãos: sem eles, a sabedoria é estéril.

5

CRIE DEPENDÊNCIA

O que torna sagrada uma imagem não é a arte de quem a cria, mas a fé de quem a adora. Os inteligentes preferem os necessitados aos agradecidos. A gratidão vulgar vale menos do que a esperança polida, pois a esperança tem boa memória, e a gratidão não. Ganha-se mais com a carência do que com a cortesia. Aquele que já matou a sede dá as costas ao poço, e a laranja espremida passa de ouro a lodo. Satisfeita a necessidade, desaparecem as boas maneiras, bem como o apreço. A lição mais importante que a experiência ensina é inspirar confiança e segurança e nutri-las, alimentá-las sempre, sem nunca as satisfazer, conservando a necessidade de si nos outros. Porém nunca se deve chegar ao extremo de calar-se para induzir outrem ao erro, nem tornar irremediável o dano alheio para o proveito próprio.

6

ATINJA A PERFEIÇÃO

Ninguém nasce perfeito: é preciso se aperfeiçoar diariamente, tanto na vida pessoal quanto na profissional, até se tornar completo, repleto de dons e de qualidades. As pessoas devem ser reconhecidas pelo gosto refinado, pela inteligência aguda, pela pureza de intenção, pela capacidade de discernimento. Algumas nunca se completam, falta-lhes sempre algo, enquanto outras levam um longo tempo para tanto. O homem perfeito, sábio na expressão e prudente nas ações é aceito, e até desejado, no seleto grupo dos prudentes.

7

NÃO BRILHE MAIS QUE O CHEFE

Toda derrota provoca ódio, e superar o chefe é tão insensato quanto fatal. A supremacia é sempre detestada, em especial pelo superior hierárquico. É possível ocultar o talento e a capacidade da mesma forma que se disfarça a beleza com um hábil toque de desleixo. Há muitos que não se incomodam ser superados em riqueza, caráter ou temperamento, mas ninguém, especialmente quem se encontra em posição de liderança, gosta que lhe excedam em talento. Trata-se, afinal, do rei dos atributos, e qualquer crime contra ele constitui lesa-majestade. Os soberanos querem ser maiores no que é mais importante. Os príncipes gostam de ser ajudados, mas não sobrepujados. Ao aconselhar alguém, faça-o como se o lembrasse de algo esquecido, não como se explicasse algo que ele é incapaz de compreender. As estrelas nos ensinam tal sutileza: embora brilhantes, nunca se atrevem a suplantar o brilho do sol.

8

NÃO CEDA A PAIXÕES

Uma das qualidades espirituais mais elevadas é não se entregar a paixões passageiras. A paixão pode até afetá-lo, mas não permita que afete sua posição, muito menos se esta for importante. Trata-se de uma maneira sensata de evitar problemas e um caminho mais curto para se obter a estima dos outros.

9

AMENIZE OS DEFEITOS TÍPICOS DE SEU PAÍS

A água partilha as boas e as más qualidades dos leitos que percorre, os homens as partilham da região em que nasceram. Alguns devem mais que outros a seu país ou cidade natal, pois nasceram numa terra favorável. Nenhum país, nem mesmo o mais culto, deixa de ter um defeito típico, e tais fraquezas servem de consolo ou defesa às nações vizinhas. Corrigir, ou ao menos disfarçar, tais falhas já é um triunfo. Agindo assim, você será reconhecido como especial entre seu povo, pois o inesperado é sempre mais valorizado. Certos defeitos têm como causa a linhagem, a condição, a ocupação e a idade. Quando uma mesma pessoa reúne todos esses defeitos e não quer ter o trabalho de corrigir, acaba por se tornar um monstro insuportável.

10

FORTUNA E FAMA

O que uma tem de inconstante, a outra tem de firme. A primeira nos ajuda a viver, a segunda nos ajuda mais tarde. A fortuna contra a inveja; a fama contra o esquecimento. Podemos desejar a fortuna e, até mesmo, construí-la com nossos esforços, mas a fama exige trabalho constante. O desejo de reputação provém da virtude: a fama foi e é irmã de gigantes. Anda sempre pelos extremos: monstros ou prodígios, vaias ou aplausos.

11

ALIE-SE A PESSOAS QUE POSSAM ENSINAR

Torne o convívio amigável em uma escola de erudição e a conversa em um meio de aprendizado. Faça dos amigos seus professores e una o útil, o aprendizado, ao agradável, a troca de ideias. Intercale o ensinamento com a instrução: o que você diz será recompensado com aplausos; o que ouve, com aprendizado. O que nos leva aos outros, em geral, é a nossa própria conveniência; que deve ser enobrecida. Os cautelosos frequentam as casas de homens renomados, que são teatros de grandeza, não palácios da futilidade. Alguns ficam famosos pelos conhecimentos, bom senso, exemplo e modo de agir e são oráculos de sabedoria. Aqueles que os acompanham formam uma refinada academia de discrição e bom senso.

12

NATUREZA E ARTE, MATÉRIA E OBRA

Toda beleza necessita de ajuda. Se não for enobrecida pela arte, a perfeição vira atrocidade. A arte recupera o que é mau e aperfeiçoa o que é bom. A natureza muitas vezes falha, quando mais precisamos dela, então, recorramos à arte. Sem ela, mesmo o maior talento é grosseiro. Sem cultura, até a perfeição se transforma em mediocridade. Sem a arte, o homem parece bruto e rude: só se chega à perfeição com polimento.

13

PERCEBA AS SEGUNDAS INTENÇÕES

A vida dos homens consiste numa luta contra a malícia dos outros. A astúcia se arma com estratagemas de má intenção: nunca faz o que indica, despista e, em seguida, ataca subitamente, sempre atenta e pronta para confundir. A fim de conquistar a atenção e a confiança, insinua uma intenção para, logo em seguida, mudar de posição e vencer pela surpresa. A inteligência perspicaz desvia-se da astúcia ao observá-la detidamente, espreitá-la com cautela, compreender o oposto do que a astúcia dá a entender e identificar de imediato as falsas intenções. A inteligência ignora a primeira intenção, aguardando a segunda e até mesmo a terceira. A simulação cresce ainda mais ao ver seu truque descoberto e tenta enganar contando a verdade. Muda de jogo, engana com a aparente falta de malícia. Sua astúcia se baseia na maior sinceridade. No entanto, a observação se adianta, enxerga através de tudo isso e descobre as sombras envoltas em luz. Decifra a intenção, que, quanto mais simples, mais ardilosa é. Assim se dá a luta da astúcia de Píton contra a clareza dos raios de Apolo.

14

REALIDADE E MANEIRA

Não basta o conteúdo, é necessária também o formato. A falta de educação pode até fazer você perder a razão. Já as boas maneiras consertam tudo: suavizam um não, adoçam a verdade e fazem até a velhice parecer bonita. O modo de fazer as coisas é muito importante, a cortesia conquista a afeição de todos. A educação é muito preciosa. Fale e comporte-se bem e será capaz de contornar qualquer situação difícil.

15

TENHA ALIADOS COMPETENTES

Os poderosos são vitoriosos por terem perto de si pessoas inteligentes, de compreensão notável, capazes de livrá-los das enrascadas em que são colocados pela própria ignorância e de tomarem seu lugar no combate às dificuldades. Saber aproveitar os aliados sábios é uma qualidade única: melhor do que escravizar os reis. É uma maneira muito melhor de dominar os outros: transformar habilmente em aliados aqueles que a natureza dotou de inteligência superior. Temos pouco tempo de vida e muito a aprender, e não se pode viver sem saber. É preciso uma habilidade notável para aprender sem esforço: tenha à disposição o conselho de sábios e faça do discurso deles o seu. Se agir assim, falará por muitos, em qualquer reunião, pois suas palavras serão as dos sábios que o aconselharam e ganhará fama graças ao suor alheio. Escolha um tema e permita àqueles ao seu redor proporcionar-lhe um conhecimento concentrado. Se não pode fazer do conhecimento seu servo, torne-o seu aliado.

16

CONHECIMENTO E BOAS INTENÇÕES

Eles garantem os frutos do seu sucesso. Quando a inteligência se une à má intenção, não se tem uma aliança, mas uma violação monstruosa que envenena as melhores qualidades. Auxiliada pelo conhecimento, corrompe com mais sutileza. Infeliz o homem dotado de inteligência e coragem que se entrega à maldade! Ciência sem bom juízo é ainda pior.

17

AJA DE MODO VARIADO

Isso confunde os outros, em especial os rivais. Se agir sempre do mesmo modo, suas intenções serão antecipadas e frustradas. É fácil abater o pássaro que voa em linha reta, mas não aquele que altera a trajetória de voo. Não aja sempre de acordo com seus objetivos, nem siga a mesma estratégia duas vezes, e os outros não perceberão a artimanha. A malícia fica à espreita, é preciso grande astúcia para enganá-la. O jogador perfeito nunca move a peça que esperam, muito menos a que seu oponente quer.

18

ESFORÇO E TALENTO

Não há perfeição sem essas duas qualidades. Havendo ambas, é possível superar a si mesmo. Mais vale o medíocre aplicado que o bem-dotado negligente. O trabalho dignifica. Com ele, adquire-se reputação. Alguns são incapazes de se aplicar mesmo às tarefas mais simples, já que o esforço depende quase sempre da personalidade. É aceitável ser medíocre num trabalho sem importância: podemos nos desculpar dizendo que fomos talhados para coisas mais nobres. Porém, contentar-se em ser medíocre numa tarefa superior, podendo ser excelente na mais simples, não tem desculpa. Tanto a arte quanto à natureza são necessárias, e o esforço as completa.

19

NÃO CRIE EXPECTATIVAS MUITO ALTAS

Tudo que é muito idealizado raramente corresponde às expectativas. A realidade não se compara à imaginação, porque imaginar a perfeição é fácil, difícil é alcançá-la. A união da imaginação com o desejo concebe as coisas sempre muito melhores do que de fato são. Por maiores que sejam as qualidades, nunca serão suficientes para satisfazer as expectativas, e aqueles que as alimentaram demais têm mais chances de se desapontarem do que de realizarem seus sonhos. A esperança pode ser traiçoeira; o bom senso deve equilibrá-la, procurando fazer com que a gratificação pelo resultado seja maior do que o desejo. Uma boa reputação serve para, inicialmente, despertar a curiosidade, não para vender a ideia. É muito melhor quando a realidade supera as expectativas, e algo se revela melhor do que imaginávamos. Esta regra não vale para o mal. Quando se exagera na expectativa do infortúnio, comemora-se quando chega a realidade, e o que se temia como desastroso chega a parecer tolerável.

20

VIVA NA ÉPOCA CERTA

As pessoas de mérito eminente dependem da época em que vivem para fazer uso delas. Nem todos viveram no momento adequado, e muitos dos que viveram não conseguiram tirar proveito de seu tempo. Alguns mereciam épocas melhores, porém nem tudo o que é bom triunfa sempre. Todas as coisas têm seu tempo, até as qualidades estão sujeitas à moda. Contudo, a sabedoria tem uma vantagem: é eterna. Se este não é o seu século, muitos outros serão.

21

A ARTE DE SER VENTUROSO

A ventura tem suas regras e, para os sábios, nem tudo depende do acaso: ela conta com a ajuda do esforço. Alguns se contentam em confiar na sorte. Outros são mais sensatos e agem por conta própria, com uma audácia cautelosa que, amparada pela coragem e pela virtude, persegue a sorte com o propósito de obter os resultados desejados. Porém, o verdadeiro sábio tem um único plano de ação: virtude e prudência; pois não existe sorte ou azar, e sim prudência ou precipitação.

22

SEJA BEM-INFORMADO

Os sábios se armam de uma erudição encantadora, prática e atual, mais informativa do que vulgar. Sabem usar frases espirituosas e atitudes galantes no momento adequado. Transmite-se melhor um conselho brincando do que o instruindo com seriedade. Para alguns, o conhecimento obtido por meio de uma conversa é mais importante do que todas as sete artes, independente de quão liberais sejam.

23

DOMINE OS DEFEITOS

Poucas são as pessoas que não possuem algum defeito, fraqueza ou falha de caráter, ao qual se entregam mesmo quando seria fácil dominá-los. A prudência alheia se aflige ao ver um talento sublime, universal, ameaçado por um pequeno defeito: uma única nuvem encobre o sol. Os defeitos são manchas na face da reputação, e a malevolência as percebe rapidamente. É preciso grande habilidade para transformá-las em sinais de beleza. Dessa maneira, César, o líder romano, soube cobrir sua calvície com coroa de louros.

24

CONTROLE A IMAGINAÇÃO

Devemos ora estimular, ora refrear a imaginação. A felicidade depende da imaginação, que deve ser governada pelo bom senso. Às vezes, ela se comporta como um tirano: não lhe basta especular, entra em ação e domina nossa vida, tornando-a agradável ou desagradável, deixando-nos infelizes ou satisfeitos demais com nós mesmos. A alguns, causa desgosto; a outros, promete felicidade, aventura e alegria. Ela pode fazer tudo isso, se não for freada pela razão e prudência.

25

SEJA BOM ENTENDEDOR

Saber argumentar já foi a arte das artes, mas hoje não basta: precisamos ser adivinhos, sobretudo nas questões que podem nos enganar. Para ser entendido, é preciso ser bom entendedor. Há pessoas que adivinham sentimentos e enxergam as intenções ocultas. As verdades que mais nos interessam são reveladas apenas pela metade; só os atentos as compreendem totalmente. Nos assuntos que lhe parecerem favoráveis, não seja crédulo demais; nos desfavoráveis, solte as rédeas.

26

ACHE O PONTO FRACO DE CADA UM

A arte de influenciar a vontade dos outros é mais questão de habilidade do que determinação. É preciso entender a mente do outro. Cada pessoa tem seu objeto de afeição, que varia de acordo com o gosto. Todos idolatram alguma coisa: o amor, o dinheiro ou, na maioria das vezes, o prazer. A astúcia está em saber identificar a motivação de cada indivíduo. É como possuir a chave para os desejos alheios. É preciso atingir a motivação básica, que nem sempre é algo elevado e importante. Quase sempre se trata de algo insignificante, já que no mundo existem mais pessoas desordenadas do que disciplinadas. Antes de mais nada, avalie o caráter e, então, toque no ponto fraco. Ponha-o à prova insistindo nele e infalivelmente o derrotará.

27

É MELHOR SER INTENSO DO QUE EXTENSO

A perfeição não está na quantidade, mas na qualidade. Tudo que é bom é raro, e o que é abundante é vulgar. Mesmo entre os homens, há muitos gigantes de mente pequena. Alguns elogiam os livros por seu tamanho, como se estes tivessem sido escritos para exercitar os braços, não a inteligência. O volume por si só não tem nada de especial, e é um erro muito comum tentar conhecer tudo, pois pode-se acabar sem dominar nenhum assunto a fundo. A profundidade leva à excelência e, em assuntos de grande importância, à fama.

28

JAMAIS SEJA COMUM

Sobretudo no gosto. Sábio é aquele que não aceita o que agrada a maioria, os discretos não se satisfazem com aplausos comuns. Algumas pessoas são tolas, camaleões da popularidade que têm mais prazer no sopro da multidão do que nas suavíssimas brisas de Apolo. O sábio também não é vulgar no discernimento, não aprecia os milagres da maioria, que não passam de charlatanismo. A multidão fica atenta à tolice e não presta atenção a um bom conselho.

29

INTEGRIDADE E FIRMEZA

Esteja sempre do lado da razão, com tal firmeza de propósito que nem a paixão comum nem a violência tirânica o desviem dela. Mas onde encontrar esse ponto de equilíbrio? Poucos se dedicam à integridade: muitos a elogiam, mas poucos a praticam. Alguns a seguem até que a situação se torne difícil, quando os falsos a renegam e os políticos apenas a simulam. Os íntegros não temem opor-se à amizade, ao poder e à própria conveniência. Os astutos elaboram desculpas sutis e falam de motivos louváveis ou de razões de Estado, mas o homem realmente leal considera a dissimulação uma espécie de traição, orgulha-se mais de ser firme do que sagaz e encontra-se sempre do lado da verdade. Se diverge dos outros, não é devido a algum capricho seu, mas porque os outros abandonaram a verdade.

30

NÃO SE DEDIQUE A COISAS SEM IMPORTÂNCIA

Muito menos aos assuntos imaginários, que causam mais desprezo que prestígio. Os caprichos levam a muitas direções, e é preciso fugir de todas elas. A pessoa sensata deve evitar fanatismos e excentricidades, pois estes, embora possam levar à fama, provocam com mais frequência o riso que o respeito. Mesmo ao buscar a sabedoria, os cautelosos devem evitar a afetação e a atenção pública, em especial nas questões em que podem parecer ridículos.

31

BUSQUE OS AFORTUNADOS E EVITE OS DESAFORTUNADOS

Não há sentimento mais contagioso que a infelicidade. Nunca abra a porta para o menor dos males, pois muitos outros – maiores – espreitam lá fora. O segredo do jogo é saber dar as cartas: a pior carta da mão vencedora à sua frente é mais importante do que a melhor carta da mão perdedora em que você acabou de apostar. Em caso de dúvida, aproxime-se dos sábios e dos cautelosos. Mais cedo ou mais tarde, a sorte virá ao encontro deles.

32

FIQUE CONHECIDO POR AGRADAR AOS OUTROS

Para os governantes, é útil obter as boas graças de todos: a única vantagem de um soberano é ter mais oportunidades do que os outros de praticar o bem. Aqueles que são amigos fazem amizades. Outros, ao contrário, decidem não agradar; não porque seja trabalhoso, mas por maldade, opostos à bondade divina.

33

SAIBA SE ESQUIVAR

Uma das mais importantes habilidades da vida é saber dizer não, seja nos negócios, seja na vida particular. Existem certas atividades não essenciais que consomem um tempo bastante precioso, e ocupar-se com o trivial é pior do que não fazer nada. Não basta não se intrometer nos assuntos alheios: é preciso também impedir que os outros se intrometam nos seus. Não se doe aos outros a ponto de esquecer de si mesmo. Não abuse de seus amigos nem lhes peça mais do que lhe dão por livre iniciativa, pois todo exagero é negativo, principalmente nos relacionamentos. Com esta moderação, você permanecerá nas boas graças dos outros e conservará seu respeito. Mantenha, pois, a liberdade de escolher aquilo que prefere e nunca atente contra si próprio.

34

CULTIVE O SEU MELHOR DOM

Valorize sua melhor qualidade e aperfeiçoe as demais. Todos seriam vitoriosos se soubessem no que se sobressaem. Identifique seu ponto forte e dedique-se a aprimorá-lo com afinco. Alguns são especialmente perspicazes ou corajosos. Outros violentam a inteligência e por isso não se destacam em nada. Deixam-se cegar e lisonjear por suas próprias paixões até que, tarde demais, o tempo as desminta.

35

ANALISE AS QUESTÕES COM CUIDADO

Reflita principalmente sobre as mais relevantes. Os tolos erram, porque não pensam: não refletem de fato sobre a maior parte das coisas e, por não perceberem as vantagens ou desvantagens, não empregam bem seus esforços. Alguns ponderam às avessas, prestando muita atenção ao que importa pouco, e pouca atenção ao que importa muito. Muita gente nunca perde a razão por não ter razão para perder. Há certas coisas que devemos considerar com todo o cuidado e manter enraizadas na mente. Os sábios prestam atenção em tudo, mas só cavam onde tem ouro. Fazem com que a reflexão avance além da percepção.

36

AVALIE A SORTE

Para poder agir e se comprometer, é mais importante pensar que moderar o temperamento. O tolo sempre pede calma em vez de prudência. Saber administrar a sorte é uma arte, seja aguardando-a, pois ela às vezes demora a vir, seja aproveitando-se dela, quando é favorável, por mais que não entenda seus mistérios. Se a sorte tem estado ao seu lado, prossiga com ousadia, uma vez que ela aprecia os ousados. Se, ao contrário, você se encontra numa maré de azar, espere. Retire-se para evitar uma dupla falha. Se você se controlou, deu um grande passo à frente.

37

DECIFRE E USE
A INSINUAÇÃO

É o ponto mais delicado das relações humanas. Pode ser usada para testar o bom senso e sondar discretamente o coração. Há a insinuação maliciosa, imprudente, tingida com as garras da inveja, manchada com o veneno da paixão: um relâmpago invisível capaz de nos tirar toda a graça e estima. Muitos perderam amizades devido a uma única insinuação ofensiva; até mesmo os que não sofreram o menor abalo quando expostos a falatórios vulgares e à malevolência individual. Outras insinuações, por serem favoráveis, agem ao contrário, sustentando e apoiando nossa reputação. É preciso aparar os dardos tão habilmente quanto a má intenção os lança: recebê-los com cuidado, aguardá-los com cautela. Uma boa defesa requer conhecimento. Um golpe dado contra um alvo prevenido frustrará sempre.

38

DEIXE O JOGO ENQUANTO
LEVA VANTAGEM

Uma retirada estratégica é tão importante quanto uma brava ofensiva. Mantenha a salvo as grandes conquistas, pois é preciso suspeitar, quando a boa sorte perdura. É mais seguro quando a sorte se alterna com o azar, o que, além de tudo, torna possível saborear e valorizar as vitórias. Quando a sorte se prolonga demais, maiores são as chances de pôr tudo a perder. Às vezes, a sorte nos compensa trocando a curta duração pela intensidade da alegria que nos proporciona. Ela se cansa quando tem de carregar alguém nas costas por muito tempo.

39

TIRE PROVEITO DO PONTO MÁXIMO

As obras da natureza têm seu ápice ou ponto de perfeição. Até chegar a esse ponto, estão em ascensão e depois declinam. Raras são as obras de arte que não podem ser aprimoradas. Aqueles que têm bom gosto sabem usufruir cada coisa em seu ponto máximo. Nem todos podem fazer isso, e nem todos os que podem sabem como fazê-lo. Mesmo os frutos da compreensão alcançam o ponto perfeito da maturação. Porém é preciso saber reconhecê-lo, para poder valorizá-lo e tirar proveito dele.

40

CONQUISTE A ESTIMA DE TODOS

É muito bom despertar admiração, mas melhor ainda é conquistar a estima. Isso depende, em parte, das circunstâncias favoráveis; o resto é esforço. Não bastam as qualidades e os atributos, embora, de maneira geral, seja mais fácil conquistar afeto, quando já se tem uma boa reputação. A benevolência depende da beneficência. Pratique todo tipo de bem: palavras gentis e boas ações. Ame, se quiser ser amado. É com a cortesia que os grandes homens cativam os outros. Primeiro os atos e depois as palavras. Da espada ao papel, pois a simpatia dos escritores é eterna.

41

NUNCA EXAGERE

Não use superlativos. Geralmente eles não correspondem à verdade e lançam dúvida sobre sua capacidade de discernimento. Ao exagerar, desperdiçamos nossos elogios e revelamos falta de conhecimento e gosto. O louvor desperta a curiosidade, que gera o desejo, e, mais tarde, quando se descobre que algo ou alguém foi superestimado, como costuma ocorrer, frustram-se as expectativas, o objeto dos elogios é desvalorizado e aquele que elogiou perde a credibilidade. Os cautelosos demonstram comedimento, preferindo pecar pela falta a pecar pelo excesso. Raras são as verdadeiras eminências, portanto modere sua apreciação. Supervalorizar alguma coisa ou alguém é uma forma de mentira que pode acabar com sua reputação de bom gosto e, pior ainda, de sabedoria.

42

LIDERANÇA NATURAL

É uma força superior, secreta que se origina de dom natural e não de artificialismos. Todos sucumbem à ela sem saber o porquê, reconhecendo a força secreta e o vigor da autoridade nata. Tais indivíduos possuem um caráter altivo: são líderes naturais. Conquistam o respeito, o coração e até a mente das outras pessoas. Quando abençoados com outros dons, viram excelentes articuladores políticos, capazes de realizar mais com uma simples insinuação do que outros com um discurso prolixo.

43

SINTA-SE SÁBIO E FALE COMO POVO

Remar contra a corrente não desfaz enganos e é muito perigoso. Só Sócrates podia se dar ao luxo de tentar. A discordância é tomada como insulto, pois condena a opinião alheia, e muitos tomam as dores daquele que julgam ser injustamente criticado ou se ressentem de quem julgam ser injustamente elogiado. A verdade pertence a poucos, e o engano é tão comum quanto vulgar. Não se conhecem os sábios pelo que dizem em público, pois eles não falam com sua própria voz, mas com a voz da ignorância geral, embora no íntimo a abominem. O homem sensato evita tanto refutar quanto ser refutado. Seu julgamento pode ser de censura, mas ele evitará divulgá-lo. A opinião é livre e não deve ser violentada. Ele se retira ao silêncio sagrado e, se comentários faz, é para poucos e sensatos.

44

SEJA SIMPÁTICO COM OS GRANDES HOMENS

Ter a capacidade de conviver com os heróis é louvável. Esse dom, chamado simpatia, é uma maravilha da natureza, por ser tão misterioso quanto benéfico. Existe parentesco de coração e de temperamento, e os efeitos da simpatia lembram aqueles que a ignorância vulgar atribui a poções mágicas. A simpatia, além de nos ajudar a ganhar fama, faz com que os outros se inclinem para nós, granjeando rapidamente sua boa vontade. É capaz de persuadir sem palavras, de conquistar sem mérito. Existe a simpatia ativa e a passiva, e ambas operam maravilhas entre aqueles que têm posição de destaque. É necessário ter habilidade para conhecê-las, distingui-las e tirar proveito delas. Não há esforço que baste, se não houver esse privilégio.

45

USE VIAS INDIRETAS SEM ABUSO

E, sobretudo, não as revele, pois toda arte deve ser disfarçada para não levantar suspeitas, especialmente as intenções ocultas, que são odiosas. O engano é comum, portanto, previna-se. Contudo, não deixe que os outros percebam sua cautela, para que não percam a confiança e não se sintam insultados, o que gera a vingança, que desperta um mal inimaginável. Agir de maneira ponderada nos dá uma grande vantagem, não há maior alimento para o discurso. A maior perfeição de uma ação depende do primor com que a executamos.

46

MODERE SUA ANTIPATIA

Muitas vezes, odiamos instintivamente alguém, mesmo antes de conhecer suas qualidades, e é comum essa aversão se voltar contra pessoas eminentes. Que a sua sabedoria controle esse sentimento, pois não há nada pior do que a raiva voltada contra quem é superior. Da mesma forma que é louvável ter simpatia pelos heróis, é desprezível tratá-los com antipatia.

47

FUJA DE DIFICULDADES

Esta é uma das principais regras da sabedoria. O caminho a percorrer para conquistar grandes feitos é largo e as pessoas prudentes permanecem no meio, no equilíbrio e no bom senso. Só depois de muito ponderar é que chegam a uma decisão, já que é muito melhor prevenir do que remediar. As situações de perigo ameaçam o bom senso, e é mais seguro evitá-las. Um perigo normalmente leva a outro maior, e assim adiante, até a beira do precipício. Algumas pessoas, por gênio ou formação, são imprudentes e precipitadas e facilmente se envolvem em situações complicadas ou arriscadas, mas quem se orienta pela luz da razão avalia a situação e conclui que é mais sensato evitar o perigo do que vencê-lo. Se estiver diante de um tolo imprudente, procure não ser outro.

48

TENHA VALORES PROFUNDOS

Em tudo o interior é sempre maior do que o exterior. Contudo, há pessoas que são apenas fachada, como uma casa que ficou inacabada por falta de dinheiro. Apresentam a entrada de um palácio, mas os cômodos são pobres como os de uma cabana. Não há lugar para repouso, ou talvez estejam sempre repousando, pois, concluídas as saudações, a conversa termina. Vangloriam-se durante as cortesias iniciais, mas imediatamente mergulham em silêncio. As palavras morrem quando não são abastecidas por uma fonte constante de inteligência. Só enganam com facilidade pessoas que enxergam as aparências, mas não iludem o astuto que observa o interior e percebe o vazio.

49

SEJA CRITERIOSO E OBSERVE

O homem deve dominar as coisas, não deixar que elas o dominem. Assim, explorará as maiores profundezas e dissecará o talento dos outros com perfeição. A um simples olhar, o homem deve compreender e avaliar a essência do outro, possuir grande poder de observação, decifrar mesmo o que estiver bem oculto. Observe rigorosamente, reflita ponderadamente, argumente sabiamente: não há nada que não se possa descobrir, notar, apreender e entender.

50

NÃO PERCA O RESPEITO POR SI MESMO

Nem seja tolerante demais consigo próprio. Torne sua integridade a norma de sua retidão. Deva mais à severidade de seu próprio discernimento do que a todos os preceitos externos. Evite o indecoroso, não por medo do julgamento severo dos outros, mas por coerência com a sua própria prudência e consciência. Respeite a própria honra.

51

SAIBA ESCOLHER

O dom de saber escolher é uma das maiores dádivas divinas. É necessário ter bom gosto e discernimento: inteligência e capacidade não bastam. Não existe perfeição sem juízo e seletividade. Estão envolvidos dois talentos: escolher e escolher o melhor. Muitos de inteligência fértil e astuta, sensatos, aplicados e bem-informados se perdem quando têm de escolher. Sempre escolhem o pior, como se fizessem questão de errar.

52

CONSERVE O AUTOCONTROLE

Os sábios devem ter grande atenção para não perder o domínio de si. Assim argumentam os verdadeiros homens, pois dificilmente os espíritos elevados se deixam abalar. As paixões são os humores da alma, qualquer excesso afeta a prudência. Se o mal sair pela boca, a reputação estará em perigo. É preciso ser tão senhor de si e tão grande que nem a notícia mais próspera ou mais adversa possa deixá-lo perturbado, e sim que faça com que os outros o admirem.

53

DILIGÊNCIA
E INTELIGÊNCIA

A diligência, ou zelo, executa com rapidez aquilo que a inteligência planejou cuidadosamente. A afobação é uma paixão dos tolos: como não percebem detalhes importantes, agem de maneira imprudente. Os sábios, ao contrário, costumam pecar pela lentidão, pois o bom senso os obriga a refletir. Às vezes, o acerto de um julgamento é anulado pela demora da ação. A presteza é a chave para o sucesso. Faz mais quem não deixa nada para o dia seguinte. Um lema a seguir é: apressar-se devagar.

54

OUSE COM CAUTELA

Até as lebres atacam um leão morto. É preciso ter coragem. Se ceder uma vez, acabará cedendo de novo e sempre. Será preciso vencer a mesma dificuldade mais tarde, portanto é melhor prevenir-se. A mente é mais ousada que o corpo. É como a espada: deve permanecer embainhada na cautela, pronta para ser usada, pois é a defesa de uma pessoa. Um espírito fraco é mais prejudicial do que um corpo fraco: muitos que possuíam qualidades louváveis deixaram de se destacar devido à ausência desse alento do coração e deixaram um legado insignificante. A natureza providente engenhosamente combinou a doçura do mel com o ferrão da abelha. No corpo há nervos quanto ossos: não permita ao espírito ser só brandura.

55

SAIBA
ESPERAR

Um coração grandioso é mais paciente e tolerante. Nunca se afobe ou dê vazão às emoções: domine-se e dominará os outros. Vagueie pelos espaços abertos do tempo rumo ao centro da oportunidade. A capacidade de esperar tempera os acertos e amadurece os pensamentos. A muleta do tempo é mais poderosa do que a clava de aço de Hércules. O próprio Deus não castiga com mãos de ferro, mas com as estações. Um ditado sábio é: "O tempo e eu podemos enfrentar qualquer um".

A sorte recompensa aqueles que sabem esperar.

56

SEJA
CRIATIVO

As boas ideias surgem de uma afortunada presença de espírito; graças à sua vivacidade e descontração. Quem sabe improvisar não passa por apertos nem sofre com os contratempos. Alguns pensam demais e fazem tudo errado, enquanto outros fazem tudo certo sem pensar. Algumas pessoas têm reservas de antiperístase: agem melhor nas adversidades. Trata-se daqueles que acertam sempre, embora não pensem direito. Se sua compreensão não alcança alguma coisa no momento, jamais refletirão sobre isso mais tarde. A rapidez deve ser elogiada, pois revela um talento prodigioso: artimanha no pensamento e cautela nas ações.

57

É MAIS SEGURO
PONDERAR

Faça algo bem, e o terá feito rápido o suficiente. Tudo o que se faz às pressas é desfeito com a mesma rapidez, mas o que deve durar uma eternidade também demora muito tempo para ser feito. Só a perfeição é notada, e só o acerto perdura. A profunda compreensão alcança verdades eternas. O que muito vale muito exige. O mesmo se verifica com os metais: o mais precioso deles demora mais para ser fundido e pesa mais.

58

SAIBA DOSAR

Não se deve mostrar a mesma inteligência a todos, e nem dedicar mais esforços do que é necessário. Não desperdice seu conhecimento ou mérito. O bom pescador usa apenas as iscas de que precisa. Não se exiba todo dia, ou vai parar de surpreender. É preciso sempre deixar uma novidade reservada, pois aquele que mostra um pouco a cada dia mantém as expectativas, e ninguém jamais descobre os limites de seu talento.

59

CONCLUA BEM

Na casa da sorte, quando se entra pela porta do prazer, se sai pela porta do pesar, e vice-versa. Portanto, fique atento para o modo como conclui as coisas, preocupe-se mais com o desfecho do que com o início. É frequente os afortunados terem inícios muito favoráveis e fins muito trágicos. O que importa não é ser aplaudido ao chegar, o que é comum, mas fazer falta ao partir. Raros são os que continuam sendo desejados. Poucas vezes a sorte acompanha alguém até o fim. Assim como ela é gentil com os que chegam, é rude com os que saem.

60

BOM SENSO

Alguns nascem prudentes. Vêm ao mundo com uma vantagem: a capacidade natural de discernimento dos sábios, que é meio caminho andado para o sucesso. Com a idade e a experiência, a razão amadurece e o discernimento atinge a moderação. Tais pessoas abominam qualquer tipo de capricho capaz de arriscar a prudência, principalmente nos assuntos de Estado, nos quais a segurança é de suma importância. Estas merecem ocupar postos no governo, tanto no comando como nos conselhos.

61

SEJA SUPERIOR
NO QUE É MELHOR

Entre os diversos tipos de perfeição, trata-se de uma raridade. Não existe herói sem alguma qualidade sublime, a mediocridade nunca ganha elogios. A superioridade em um empreendimento relevante nos tira do anonimato e nos torna notáveis. Ser superior numa ocupação humilde é ser algo em muito pouco: quanto mais comodidade, menos glória. Ser excepcional em coisas superiores nos proporciona um caráter altivo: cultiva a admiração e conquista a boa vontade.

62

TENHA OS MELHORES AUXILIARES

Algumas pessoas se consideram espertas por terem auxiliares inferiores. É uma satisfação ilusória e perigosa, merecedora de castigo. A eficiência de um funcionário nunca depreciou o valor de seu chefe. Ao contrário, todo crédito pelo sucesso recai sobre a figura principal, assim como a crítica, no caso de fracasso. Os superiores é que ganham a fama. Nunca se diz "ele tinha bons ou maus funcionários", mas "ele era um bom ou mau administrador". Portanto, escolha seus auxiliares com cuidado, você está confiando a eles a sua fama imortal.

63

A PERFEIÇÃO DE SER O PRIMEIRO

Vem em dobro quando se é verdadeiramente superior. Havendo igualdade em outros aspectos, aquele que executa o primeiro movimento se destaca, e muitos teriam se tornado imortais em suas atividades, se outros não os tivessem precedido. Os primeiros são os que ganham a fama, e os que os sucedem têm de requerer o pão de cada dia na justiça. Por mais que se esforcem, não conseguem escapar da acusação de serem imitadores. É sutileza dos prodigiosos inventar novas maneiras de alcançar a perfeição, desde que a prudência garanta a segurança de suas aventuras. Por meio da inovação, os sábios encontram lugar no rol dos heróis. Alguns preferem ser os primeiros na segunda classe a ser os segundos na primeira.

64

EVITE OS DISSABORES

Evitar aborrecimentos é uma atitude sensata e benéfica. A prudência o poupará de muitos: trata-se da Lucina, deusa da luz e do parto, da felicidade e, portanto, da satisfação. Não dê aos outros más notícias, a menos que haja um remédio, e tome ainda mais cuidado para não as receber. Algumas pessoas só têm ouvidos para doces lisonjas, outras para as intrigas, e há aquelas que não conseguem viver sem uma dose diária de aborrecimentos, como Mitríades com seu veneno. Também não ajuda em nada viver se privando das coisas ou se contrariando, a fim de agradar outras pessoas, mesmo que se trate de alguém muito querido. Nunca coloque em jogo a sua felicidade apenas para satisfazer a vontade de alguém. Quando proporcionar alegria a alguém significar privar-se de algo ou contrariar-se, lembre-se desta lição: é preferível que o outro se magoe agora do que você se magoe mais tarde, irremediavelmente.

65

DESENVOLVA UM GOSTO REFINADO

O bom gosto exige trato, assim como o intelecto. A compreensão total estimula o apetite e o desejo e, consequentemente, faz com que a gratificação da realização seja maior. É possível avaliar a grandeza do talento de alguém por suas aspirações. Só algo grandioso pode satisfazer um grande talento, assim como os melhores pratos são feitos para os melhores paladares, e os assuntos elevados são para aqueles de caráter elevado. Até as pessoas mais corajosas se intimidam diante daquelas que têm gosto refinado, e as mais perfeitas perdem a autoconfiança. Poucas são as coisas de primeira magnitude: poupe sua apreciação. Adquire-se o bom gosto pelo contato com os outros e se herda com a continuidade. É uma sorte poder se associar a alguém de gosto perfeitamente desenvolvido. Contudo, nunca declare que algo não lhe agrada; é uma grande tolice, mais ainda quando por afetação do que por verdadeiro desagrado. Alguns gostariam que Deus tivesse criado outro mundo e outras perfeições só para satisfazer sua imaginação extravagante.

66

PRESTE ATENÇÃO PARA QUE AS COISAS DEEM CERTO

Algumas pessoas se preocupam mais em escolher o caminho certo do que em alcançar suas metas. O descrédito do fracasso pesa mais do que a boa intenção. Quem vence não precisa dar satisfações. A maior parte das pessoas não presta atenção aos meios empregados para obter um resultado, e sim aos resultados em si. A nossa reputação permanece intacta quando obtemos o resultado desejado. Um bom final transforma tudo em ouro, por mais inadequados que tenham sido os meios. A regra é ir contra as regras se não houver outra maneira de alcançar a meta desejada.

67

PREFIRA OCUPAÇÕES
LOUVÁVEIS

A maioria das coisas depende da satisfação dos outros. O reconhecimento alimenta e nutre a perfeição. Certas ocupações gozam de aclamação universal, ao passo que outras, embora mais importantes, mal são notadas. As primeiras, por acontecerem às vistas de todos, conquistam a admiração geral. As últimas são mais raras e exigem mais habilidade, mas não aparecem, são apreciadas, mas não elogiadas. Entre os príncipes, os mais celebrados são os vitoriosos, por isso os reis de Aragão foram tão aclamados: eram guerreiros e conquistadores magnânimos. O homem importante deve dar preferência às ocupações célebres, que todos podem ver e partilhar, e ficará imortalizado pela aclamação geral.

68

FAÇA OS OUTROS
ENTENDEREM

É melhor do que fazê-los recordar, pois a inteligência é mais importante do que a memória. Às vezes é preciso lembrar, noutras aconselhar o que convém. Há pessoas que deixam de fazer o que é oportuno simplesmente porque a ideia nunca lhes ocorreu. Que o conselho amigável destaque as vantagens. Um dos maiores privilégios da mente consiste em saber avaliar rapidamente o que de fato importa. Sem esse discernimento, muitos sucessos não se realizam. Aqueles que têm essa luz devem concedê-la, e os que não a têm, pedi-la, os primeiros com cautela, os últimos com discrição, apenas insinuando. Essa sutileza é particularmente útil, quando aquele que aconselha tem algum interesse ou envolvimento que possa influir em sua imparcialidade. Seja explícito somente quando a insinuação for insuficiente. Tendo já obtido um não, use a habilidade para buscar um sim. Na maior parte das vezes, não se consegue as coisas por não tentar.

69

NÃO CEDA A UM
CAPRICHO VULGAR

Os grandes homens não se entregam a impressões passageiras. Parte da prudência consiste em refletir sobre si próprio: conhecer a disposição e se prevenir, ou ainda desviar-se para o outro extremo para, entre a arte e a natureza, encontrar o ponto de equilíbrio. Para se corrigir, é preciso se conhecer. Existem verdadeiros monstros de impertinência, sempre regidos por algum capricho, o qual os influencia perniciosamente. Afetados por esse desequilíbrio, empreendem suas tarefas de forma contraditória. Tal excesso, além de arruinar a vontade, também afeta a razão, prejudicando o desejo e a compreensão.

70

SAIBA
DIZER NÃO

É impossível conceder tudo a todos. Dizer não é tão importante quanto conceder, principalmente entre aqueles que comandam. O que importa é o modo de fazê-lo. A negativa de algumas pessoas é mais apreciada do que a concessão de outras: um "não" enfeitado agrada mais do que um "sim" lacônico. Muitos têm sempre uma negativa na ponta da língua e azedam tudo, é a primeira coisa que lhes ocorre. Mesmo que depois venham a ceder, já não serão tão merecedores de consideração, pois foram desagradáveis no início. Deve-se negar suavemente, para que a decepção seja assimilada aos poucos, e sem negar as coisas por completo, para que os outros continuem a depender de você. Deixe sempre um vislumbre de esperança para amenizar o desapontamento da negativa. A cortesia compensa a sensação ruim da recusa, e as palavras gentis compensam o vazio causado pela frustração. "Não" e "sim" são palavras rápidas de serem ditas, mas exigem uma reflexão prolongada.

71

SEJA COERENTE NO TEMPERAMENTO E NOS GOSTOS

O homem prudente é coerente em tudo que diz respeito à perfeição, o que justifica sua fama. Muda apenas quando mudam as causas e os méritos. No que se refere à prudência, é feio variar. Algumas pessoas parecem diferentes a cada dia: sua opinião muda constantemente, assim como a vontade e a capacidade de compreensão. Um dia concedem; no outro voltam atrás. Prejudicam sua própria reputação, confundindo os outros.

72

SEJA DECIDIDO

Uma execução imperfeita é menos prejudicial do que a falta de decisão, pois a matéria se deteriora mais depressa estagnada do que em uso. Algumas pessoas são incapazes de tomar uma decisão e precisam de um empurrão. Às vezes, a causa não está na indecisão, uma vez que elas enxergam com clareza suficiente, mas na falta de iniciativa. Identificar dificuldades pode ser uma habilidade, mas descobrir uma maneira de evitá-las requer uma habilidade ainda maior. Já outras pessoas não se deixam abater por nada e têm grande poder de crítica e decisão. Nasceram para missões importantes, pois sua capacidade de compreensão as ilumina para tomar as decisões acertadas. Logo encontram uma solução, e sua autoconfiança cresce para solucionar, com bom senso cada vez maior, a questão seguinte.

73

SEJA EVASIVO

É como as pessoas cautelosas evitam as situações indesejáveis. Com uma brincadeira elegante conseguem escapar de uma enrascada, com um sorriso livram-se de uma dificuldade. Foi assim que o maior dos capitães,

Gonzalo de Córdoba, adquiriu sua coragem. Uma maneira cordial de dizer "não" consiste em mudar de assunto, e nenhuma manobra é mais brilhante do que se fazer de desentendido.

74

NÃO SEJA INTRATÁVEL

As feras mais perigosas vivem nos lugares mais povoados. Ser inacessível é o vício daqueles que não possuem autoconhecimento e mudam de humor, conforme as circunstâncias. Não é sendo desagradável para os outros que se conquista fama. Imagine um desses monstros intratáveis, sempre prestes a explodir por tudo e por nada: os que convivem com ele ou têm a infelicidade de serem seus subalternos que se aproximam como se ele fosse um animal feroz, amedrontados e cheios de cautela. Há pessoas que, para alcançar uma posição elevada, se submetem e agradam a quem quer que seja e, quando chegam lá, vingam-se maltratando a todos. Se conquistaram uma posição importante, deveriam ser queridos e confiáveis, mas seu orgulho e arrogância afastam as pessoas. O melhor castigo é ignorá-los. Reserve sua sabedoria para quem merece.

75

ESCOLHA UM MODELO HEROICO

Mais para tentar superá-lo do que para imitá-lo. Existem inúmeros exemplos de grandeza, de homens que conquistaram fama. Cada qual deve escolher como modelo aquele que melhor se destacou em seu campo. Alexandre chorou de inveja sobre a sepultura de Aquiles, não pelo herói que perdera a vida, mas por si mesmo, que não conquistara a mesma fama. Não há nada que estimule mais a ambição do que o clarim da glória alheia. E tudo que consegue derrotar a inveja enobrece o espírito.

76

DOSE AS BRINCADEIRAS

A prudência é reconhecida na seriedade, que é mais respeitada do que a inteligência. O homem que vive brincando não tem credibilidade, é comparado ao mentiroso, em quem ninguém pode confiar. De um tememos a trapaça, do outro, a dúvida. Nunca se sabe quando está falando sério, o que equivale a ser uma pessoa sem bom senso. Tudo que é excessivo perde o valor, é cansativo e desgasta. Alguns conquistam a reputação de espirituosos e perdem a de sensatos. Há momentos para a brincadeira, mas o resto do tempo é para a seriedade.

77

SEJA CAPAZ DE SE ADAPTAR

Ser culto com os cultos e santo com os santos: esta é a grande arte para cativar as pessoas, pois a semelhança atrai a simpatia. Observe o temperamento dos outros e tente adaptar-se a eles. Corresponda à seriedade ou à jovialidade, transformando-se sutilmente. Essa habilidade é essencial para quem depende de outros. É mais fácil para aqueles que são informados, com visão ampla e gosto refinado.

78

CAUTELA EM PRIMEIRO LUGAR

A precipitação e a audácia são características dos tolos. A própria falta de inteligência, que os impede de prever o perigo, faz com que, posteriormente, não tenham a sensação de fracasso. Porém a prudência anda com grande cuidado, a observação e a cautela a precedem, abrindo caminho para que possa avançar com segurança. Uma ação precipitada está condenada ao fracasso, apenas a sorte pode salvá-la. Avance devagar quando suspeitar que o terreno é traiçoeiro. A argúcia estuda o terreno, e a prudência conduz à terra firme. Atualmente, há muitas surpresas nos relacionamentos humanos, portanto é conveniente explorar o caminho com cuidado.

79

TEMPERAMENTO JOVIAL

Com moderação é uma qualidade, não um defeito. Uma pitada de humor é um bom tempero. Os homens que se destacam conquistam a simpatia geral com humor e jovialidade, sem nunca deixar de lado a prudência e o decoro. Às vezes uma atitude descontraída pode ajudar a se livrar de um embaraço, pois é preciso levar certas coisas na brincadeira, mesmo aquelas que outros levariam mais a sério. Esse tipo de temperamento é mais amável e cativante.

80

ATENÇÃO AO SE INFORMAR

Passamos boa parte da vida recebendo informações, a maior parte do que aprendemos nos é transmitido por alguém, não visto ou vivenciado de modo direto. Os ouvidos são a porta dos fundos da verdade e a porta da frente da mentira. É mais fácil ver do que ouvir a verdade: ela raramente chega pura até nós, muito menos quando vem de longe. Ao longo do caminho, vai adquirindo cores, reflexos e distorções, que podem ser favoráveis ou não, dependendo dos ânimos e paixões de seus transmissores, que tentam sempre impressionar. Tenha muita atenção com quem elogia e mais ainda com quem critica: é preciso descobrir a intenção do intermediário, conhecer seus interesses, tendências e pontos fracos. A cautela deve funcionar como um contrapeso para detectar o que é falso e o que está sendo omitido.

81

RENOVE O BRILHO

É um privilégio da fênix. A perfeição envelhece, bem como a fama. O hábito desgasta a admiração, e uma novidade medíocre é capaz de derrotar a maior das celebridades. Portanto, é preciso renovar constantemente a inteligência, a coragem, o desempenho, todas as qualidades, amanhecendo tantas vezes quanto o sol, lançando seu brilho em direções diferentes e variadas para que sua falta seja sentida, despertando o desejo e o aplauso.

82

NUNCA EXAGERAR

Um certo sábio reduziu a sabedoria à moderação em tudo. O certo levado ao extremo pode gerar injustiça, assim como uma laranja espremida ao máximo se torna amarga. Mesmo no prazer não devemos exagerar. O próprio talento se esgota se for exigido demais, e tira sangue em vez de leite quem suga com voracidade desmedida.

83

PERMITIR-SE PEQUENOS DESLIZES

Às vezes uma atitude imprudente pode ser a melhor maneira de realçar suas qualidades. A inveja condena tudo que é bom, acusa o que é perfeito de não falhar nunca, ao mesmo tempo que procura encontrar algum defeito, apenas para se consolar. Como o relâmpago, a censura atinge sempre os pontos mais altos. Então, que Homero se distraia de vez em quando e faça de conta que sua inteligência ou coragem – mas não sua prudência – falhou de alguma forma. Isso aplaca a malevolência, evitando que destile seu veneno. É como estender a capa diante do touro da inveja, a fim de preservar a imortalidade.

84

SABER USAR
OS INIMIGOS

Nunca segure uma faca pela lâmina para não se ferir, mas pelo cabo para se defender, especialmente em competições. Os sábios veem mais utilidade em seus inimigos do que os tolos veem em seus amigos. A malevolência é capaz de remover montanhas de dificuldades, quando pensa agir em proveito próprio. Muitos devem sua grandeza aos inimigos. A lisonja é mais ameaçadora que o rancor, pois o rancor aponta os defeitos que a lisonja disfarça. O homem prudente usa o ódio de seus inimigos como um espelho mais confiável que o do afeto, pois o ajuda a diminuir os defeitos ou corrigi-los. Deve-se ter muita cautela, quando se vive rodeado pela bajulação e pela malevolência.

85

NÃO SEJA
O CURINGA

As coisas perfeitas sofrem abusos com facilidade. A cobiça desperta o ressentimento. É ruim não ser bom em nada, mas é ainda pior ser bom em tudo. Alguns perdem porque ganham com demasiada frequência e logo se veem tão desprezados quanto um dia foram admirados. Existem curingas em todos os tipos de perfeição, que, quando perdem a reputação inicial de únicos, são desdenhados como comuns. O único remédio contra o exagero é ser moderado ao revelar os talentos: exceda-se na perfeição, mas modere-se ao exibi-la. Quanto mais brilhante a tocha, mais rapidamente ela se consome e menos tempo dura, já a discrição é premiada com grande admiração.

86

AFASTE-SE DOS
BOATOS

A multidão é um monstro de muitas cabeças: muitos olhos para a malícia, muitas línguas para a calúnia. Às vezes, um boato que se espalha pode arruinar a melhor das reputações, denegrir para sempre um bom nome. Normalmente, os boatos surgem de alguma falha saliente ou defeito ridículo: o material perfeito para falatórios. Às vezes, são pessoas invejosas que inventam tais defeitos, pessoas desprezíveis que, com língua ferina, arruínam uma reputação irrepreensível com um comentário maldoso disfarçado em brincadeira, mais depressa do que com uma mentira descarada. É muito fácil perder uma boa reputação, pois é fácil acreditar na maldade, difícil é recuperá-la. As pessoas cautelosas devem evitar tudo isso e ficar atentas à insolência vulgar, pois é mais fácil prevenir do que remediar.

87

CULTURA E
REFINAMENTO

O homem nasce selvagem, doma-se a fera cultivando-a. A cultura nos transforma em pessoas: tanto mais quanto maior for a cultura. Com essa crença, a Grécia pôde chamar o resto do mundo de bárbaro. A ignorância é rude e grosseira, não existe nada mais educador do que o conhecimento. Contudo, o conhecimento em si, sem refinamento, é tosco. Não é apenas a inteligência que devemos aprimorar, mas também nossos desejos e, principalmente, nossa conversa. Alguns exibem um requinte natural nos talentos interiores e exteriores, nos conceitos e nas palavras, no adorno corporal (que é como a casca) e nos dons espirituais (o fruto). Já outros são tão brutos que embaçam tudo, até mesmo suas qualidades superiores, com uma insuportável e selvagem falta de refinamento.

88

MANEIRAS GRANDIOSAS

Aspire a elevação. Os grandes homens não devem jamais ter atitudes desprezíveis. Não é preciso abordar todos os detalhes ao conversar com os outros, em especial quando o assunto é desagradável. Observe as coisas de forma descontraída, não é bom transformar a conversa num interrogatório minucioso. Aja normalmente com nobreza, uma espécie de galanteio. Uma boa parte do poder está em dissimular: aprenda a fazer vista grossa à maior parte do que acontece entre amigos, conhecidos e, principalmente, inimigos. Tudo o que é exagerado irrita, e, dependendo da condição, cansa. Ficar rodeando algo desagradável é uma espécie de mania. Em geral, o mesmo acontece com a maneira de se comportar, que varia segundo o coração e a capacidade de cada um.

89

COMPREENSÃO DE SI MESMO

Do caráter, das qualidades, da capacidade de discernimento e do equilíbrio emocional. Ninguém consegue ser senhor de si mesmo se não se conhecer completamente. Existem espelhos para o rosto, mas não para o espírito; faça, então, uma ponderada autorreflexão. E, ao parar de se preocupar com sua imagem exterior, tente corrigir e aprimorar a interior. Conheça a força da sua prudência e perspicácia.

90

A ARTE DE VIVER MUITO

É viver bem. Duas coisas desperdiçam a vida: a tolice e o vício. Alguns a perdem por não saber salvá-la; outros, por não quererem saber. Assim como a virtude é sua própria recompensa, o vício é seu próprio castigo. Aquele que se entrega a uma vida de vicissitudes – de desequilíbrio – se acaba duas vezes mais rápido, já quem se entrega à virtude nunca morre. A força da mente se comunica com o corpo. Uma boa vida não é grande só em duração, mas também em qualidade.

91

NUNCA AJA COM DÚVIDAS

Se quem age suspeita que pode estar cometendo um engano, quem observa terá certeza absoluta disso, ainda mais tratando-se de um rival. Caso o seu bom senso falhe no calor da emoção, não falhará em condenar, depois, o erro cometido. É perigoso empreender algo sem certeza, é mais seguro, omitir-se. A prudência se recusa a negociar com probabilidades: caminha sempre à luz da razão. Como pode algo terminar bem se já no início havia dúvidas? Se mesmo as decisões aprovadas por unanimidade podem muitas vezes se revelar inadequadas, o que esperar daquelas sobre as quais a razão e o bom senso tinham dúvidas?

92

PRUDÊNCIA TRANSCENDENTE

Ela deve ser usada em todas as situações. Trata-se da primeira e mais importante regra ao agir e falar, mais necessária quanto maior e mais elevada a ocupação. Um grama de prudência vale mais do que um quilo de habilidade. É melhor caminhar confiante do que cortejar o aplauso vulgar. Uma reputação conquistada pela prudência constitui o triunfo máximo da fama. Bastará satisfazer os prudentes, cuja aprovação é a porta para o sucesso.

93

UM HOMEM COMPLETO

Um homem com muitas qualidades vale por muitos. Tem alegria de viver e transmite essa alegria àqueles com quem convive. Variedade e perfeição tornam a vida agradável. Trata-se de uma grande arte saber apreciar todas as coisas boas. Considerando que a natureza fez do homem sua obra-prima, que a arte faça dele um universo de bom gosto e inteligência.

94

DONS INESCRUTÁVEIS

O homem prudente, se quiser ser respeitado pelos outros, deve evitar que avaliem a extensão de sua sabedoria e de suas qualidades. Permita-se ser conhecido, mas não compreendido. Não mostre os limites de seu talento, e ninguém se decepcionará. Nunca permita que o conheçam por completo: obtemos maior admiração fazendo com que os outros imaginem a extensão de nosso talento, ou mesmo duvidando dele, do que o exibindo, por maior que seja.

95

SABER MANTER A EXPECTATIVA

Alimente-a constantemente, prometa e cumpra, cada vez mais. Um feito notável gera a expectativa de outros ainda maiores. Não revele tudo o que tem no primeiro lance: o segredo está em moderar a força e o conhecimento e, pouco a pouco, ir aumentando o desempenho.

96

BOM SENSO E DISCERNIMENTO

São os núcleos da razão, a base da prudência, a luz da sabedoria. São dádivas do céu, as mais importantes e preciosas, e sem eles somos incompletos. Quanto menos presentes, mais fazem falta. Todos os atos da vida dependem de sua influência, e todos solicitam sua aprovação, pois dependem da inteligência. Consiste numa inclinação natural para tudo o que é mais sensato.

97

CONSTRUIR UMA REPUTAÇÃO E PRESERVÁ-LA

Ela é o usufruto da fama. É cara, pois nasce da superioridade, que é tão rara quanto à mediocridade que é comum. Uma vez alcançada, preserva-se com facilidade. Obriga a muito e produz mais. Constitui uma espécie de majestade, quando se transforma em admiração, pela grandiosidade de sua causa e esfera de ação. A reputação sólida é a que sempre tem valor.

98

NÃO DECLARE ABERTAMENTE AS INTENÇÕES

As paixões são os portais da alma. O tipo mais prático de conhecimento está na dissimulação: aquele que mostra as cartas arrisca-se a perder. Que a cautela e a reserva vençam a atenção do oponente. Se ele tentar adivinhar seu raciocínio, oculte seus pensamentos. Que ninguém descubra suas predileções, para que não as prevejam, nem para criticá-las e nem para lisonjeá-las.

99

REALIDADE E APARÊNCIA

Não definimos as coisas pelo que são, mas pelo que parecem. Raros são os que enxergam o íntimo, e muitos os que se apegam às aparências. Não basta apenas ter razão; é preciso que o semblante também a demonstre.

100

SEJA REALISTA SEM DEMONSTRAR OU OSTENTAR

Já não se reverencia a filosofia, embora esta ainda seja a principal ocupação dos sábios. Já não se venera a ciência da sabedoria. Sêneca, filósofo, escritor e político romano, introduziu-a em Roma e, por algum tempo, ela empolgou os nobres, mas agora é considerada inútil e inoportuna. Não se deixar levar por ilusões sempre foi um passo para a sabedoria e um dos prazeres da retidão de caráter.

101

METADE DO MUNDO RI DA OUTRA METADE

Ou tudo é bom, ou tudo é mau, depende do ponto de vista. Quem tem seguidores possui também perseguidores. É um tolo incurável quem avalia tudo segundo sua própria opinião, pois as perfeições não dependem de um único gosto: eles são tão abundantes quanto às fisionomias, e igualmente variados. Não existe defeito que alguém não vá valorizar, nem se deve desanimar se algo não agradou a alguns, pois não faltarão outros que apreciarão. Da mesma forma, os aplausos não devem envaidecer, porque haverá aqueles que vaiarão. A norma da verdadeira satisfação consiste em receber a aprovação de pessoas com reputação, honestidade e credibilidade. A vida não se rege por um único parecer.

102

VALORIZE A SORTE

A sabedoria tem reconhecimento e moderação. O corpo da sabedoria deve ter um estômago enorme, pois uma grande capacidade depende de espaço adequado. Alguns desperdiçam alimentos finos, porque não sabem apreciá-los. Não nasceram para ocupações elevadas e não estão acostumados a elas. O convívio se estraga e a vaidade que emana da imerecida honra sobe à cabeça, afetando a razão. Inflam-se até não caberem mais em si mesmos, até não haver mais lugar para a própria sorte e prosperidade. O homem notável sabe e mostra que ainda tem lugar para coisas melhores e, cautelosamente, evita tudo o que revela um coração mesquinho.

103

MAJESTADE QUE CABE A CADA UM

Nem todo mundo é rei, mas seus atos devem ser dignos de um, dentro dos limites de sua classe e condição. Uma maneira régia de fazer as coisas é ter grandiosidade de ação e uma mente sublime. É preciso assemelhar-se a um rei em mérito, mesmo não o sendo, pois a verdadeira soberania está na integridade. Não invejaremos a grandeza se formos nós mesmos um padrão dela. Aqueles que se encontram próximos ao trono, em especial, devem contrair um pouco da verdadeira superioridade. Devem partilhar os dons morais da majestade, em vez de os da pompa, e aspirar coisas elevadas e substanciais, em vez de a vaidade imperfeita.

104

TENHA BOA NOÇÃO DA EXIGÊNCIA
DE CADA TRABALHO

Entender as variedades de ocupações requer conhecimento e perspicácia. Alguns trabalhos exigem coragem, outros, sutileza. Os mais fáceis dependem da honestidade, os mais difíceis requerem astúcia. Os primeiros exigem apenas talento natural; os últimos, toda sorte de atenção e vigilância. É trabalhoso governar homens, ainda mais tolos ou loucos, pois é preciso ter inteligência redobrada para controlar quem não tem nenhuma. É insuportável um trabalho que exige dedicação absoluta, com horário fixo e rotineiro. Bem melhores são os que não nos deixam entediados, nos quais a variedade se une à responsabilidade, porque a quebra de rotina reanima. As melhores ocupações são as que permitem flexibilidade e independência, as piores, as que nos afastam da condição humana e, pior, da divina.

105

NÃO SEJA MAÇANTE

A pessoa que tem um só assunto, uma obsessão, se torna maçante. É mais produtivo e agradável ser breve e prático: ganha-se em cortesia o que se perde na concisão. As coisas boas, se forem breves, tornam-se ainda melhores. As ruins, quando breves, deixam de ser tão desagradáveis. É mais produtivo dizer o essencial do que estender-se numa infinidade de detalhes. Todos sabem que uma pessoa muito falante raramente é compreendida, não necessariamente no assunto, mas no discurso como um todo. Há homens cuja conversa gera mais constrangimento que regozijo e são sempre evitados. O homem discreto evita aborrecer os outros, em especial as personalidades importantes, que são sempre muito ocupadas. Irritar uma delas é pior do que irritar o resto do mundo. A melhor maneira de dizer bem uma coisa é dizê-la brevemente e sem rodeios.

106

NÃO SE VANGLORIE

É mais condenável quem se gaba de sua posição elevada. Não se vanglorie, pois isso é detestável, e não se orgulhe de ser invejado. Quanto mais você se esforçar para conquistar a estima dos outros, menos conseguirá, pois não é algo que se possa pegar à força, é preciso merecê-la e esperar por ela. As ocupações importantes requerem a autoridade correspondente, sem a qual não será possível exercê-las como se deve. Realize apenas o que sua ocupação exige para cumprir as obrigações. Não a esgote; ajude-a a seguir em frente. Aqueles que querem muito parecer extremamente dedicados ao trabalho dão a impressão de não estarem à altura da tarefa. Se quer se destacar, use o talento, não as aparências. Até um rei deve ser venerado mais pela soberania intrínseca do que por aquela que foi herdada ou conferida.

107

NÃO DEMONSTRE SATISFAÇÃO DEMAIS

Não viva eternamente descontente consigo mesmo, o que é mesquinhez, nem eternamente satisfeito, o que é insensatez. A autossatisfação normalmente se origina da ignorância e leva a uma felicidade tola, que proporciona prazer e prejudica a reputação. Quem não consegue avaliar a perfeição dos outros, contenta-se com a própria mediocridade. A cautela é sempre útil, seja para obter bons resultados, seja para nos consolar, quando não são exatamente os que esperávamos. Nenhuma adversidade surpreenderá quem já se preveniu de antemão. Tudo depende das circunstâncias; o que é positivo em determinada situação pode ser negativo em outra. O erro do tolo é deixar a satisfação florescer vazia e espalhar suas sementes.

108

ATALHO PARA SER PESSOA DE VALOR

É muito útil associar-se às pessoas certas. A convivência pode realizar transformações maravilhosas: hábitos, gostos e até a inteligência se transmitem dessa forma sem que se perceba. Portanto, a pessoa que é insegura deve procurar a companhia daquelas que são decididas e autoconfiantes, e assim por diante. Dessa forma, obterão o equilíbrio e a moderação. Entretanto, é preciso habilidade para adaptar-se. A alternação de opostos torna o universo belo e o equilibra, e nos relacionamentos humanos promove uma harmonia ainda maior do que na natureza. Lembre-se disso ao escolher amigos e funcionários, a comunicação de extremos produzirá um discreto e valioso meio-termo.

109

NÃO CENSURE OS OUTROS

Há homens implacáveis que fazem de tudo um crime, não por paixão, mas devido ao próprio temperamento. Condenam a todos, alguns pelo que fizeram, outros pelo que farão. Trata-se de espíritos mais que cruéis, realmente mesquinhos. Criticam os outros com tal exagero que fazem de um cisco um motivo para arrancar os olhos. São como feitores, que podem transformar um paraíso num inferno. Quando dominados pela paixão, levam tudo a extremos. A ingenuidade, ao contrário, cria desculpas para tudo, insiste em dizer que os outros tinham boas intenções ou erraram inadvertidamente.

110

NÃO ESPERE O SOL SE PÔR

O sensato prefer se retirar antes de se ver abandonado. Devemos fazer até da nossa própria morte um triunfo. Às vezes, o próprio sol se esconde atrás de uma nuvem, de modo que ninguém o veja se pôr, fazendo-nos imaginar se já se pôs ou não. Evite declínios para não despencar e se arrebentar: não espere que lhe deem as costas, pois é como ser sepultado vivo e morrer para a fama. Os cautelosos sabem quando aposentar um cavalo de corrida, não esperam que ele sofra uma queda em plena competição e desperte críticas e censuras.

111

FAÇA AMIZADES

O amigo é um segundo ser. Para ele, todos os amigos são bons e sábios. Quando se está com eles, tudo acaba bem. Você vale tanto quanto os outros acham ou dizem que vale e, para que o queiram, deve conquistá-los através do coração. Nada fascina mais do que o bom serviço, e a melhor maneira de ganhar amigos é agir como um. O máximo e o melhor que somos depende dos outros. Podemos viver entre amigos ou inimigos: arranje um amigo a cada dia, ainda que não íntimo. Escolha bem e alguns virarão confidentes.

112

CONQUISTE A BOA VONTADE DOS OUTROS

A reputação se conquista com afeição. Alguns confiam tanto em seu próprio valor que não se preocupam com isso, mas aquele que é prudente sabe muito bem que um favor pode abrir um atalho para os méritos e qualidades. A benevolência torna tudo mais fácil e compensa o que quer que esteja faltando: coragem, integridade, sabedoria e até discrição. Nunca vê a feiura, porque não quer ver. Normalmente, origina-se de afinidades de temperamento, raça, família, nacionalidade ou profissão. Na esfera espiritual, a benevolência confere talento, estima, reputação e mérito. Uma vez conquistada, o que é difícil, é fácil preservá-la. O importante é saber usá-la.

113

PREPARE-SE PARA AS DIFICULDADES

É no verão que se faz com calma o abastecimento para o inverno. Nas épocas de fartura e prosperidade, os favores são menos caros, e as amizades são muitas. É bom poupar para os tempos ruins, quando a adversidade é cara e tudo falta. Mantenha uma reserva de amigos e pessoas agradecidas; algum dia você valorizará o que agora parece sem importância. A mesquinhez não tem amigos na prosperidade, porque se recusa a reconhecê-los, nem na adversidade, quando quem se recusa são eles.

114

NADA DE COMPETIR

Se competimos com nossos oponentes, nossa reputação pode ser abalada, pois o rival de imediato tentará descobrir nossos defeitos e nos desacreditar. São poucos os que agem dentro dos preceitos da honestidade e da justiça. A rivalidade descobre falhas que a cortesia havia esquecido. Muitos possuíam boa reputação até arranjar inimigos. O calor da disputa desperta infâmias adormecidas e desenterra a sordidez passada e antepassada. Na competição, os defeitos se revelam e os rivais tiram proveito de tudo o que podem e não deveriam. Não ganham nada ofendendo os outros, apenas o prazer mesquinho da vingança. Esta desfere golpes tão violentos que sacode a poeira do esquecimento, que encobria os defeitos. A benevolência sempre foi pacífica, e a reputação, indulgente.

115

TOLERE OS DEFEITOS DOS OUTROS

Assim como se faz com rostos feios, devemos ignorar o mau humor dos outros. Onde há dependência, aspire a conveniência. Existem mentes tão maldosas que não se consegue conviver com elas, embora muitas vezes não tenhamos escolha. É preciso habilidade para se acostumar a elas. A princípio nos amedrontam, mas, pouco a pouco, se perde aquela aversão inicial, e a cautela deixa de se surpreender e aprende a tolerar o desprazer.

116

UNA-SE A PESSOAS DE BEM

É possível comprometer-se com elas e aceitar seus compromissos. O bom caráter garante que elas o tratarão bem mesmo quando se opuserem a você, pois comportam-se de modo correto. É melhor ter uma desavença com uma pessoa de bem do que subjugar uma sem caráter. Não há como ter um bom relacionamento com a vilania, pois ela não respeita o compromisso com a lealdade e a honradez. Desconfie de suas amabilidades, pois essas pessoas não sabem o que é integridade. Não existe amizade verdadeira entre pessoas mesquinhas. Evite-as, pois quem não preza a honra não aprecia a virtude. E a honra é o berço da integridade.

117

NÃO FALE
DE SI MESMO

Nem para elogiar-se, o que é vaidade, nem para criticar-se, o que é humildade. Qualquer um dos dois é enfadonho para quem ouve. E se isso é importante entre amigos, é mais ainda nas altas posições. Quando se fala em público com frequência, qualquer demonstração de vaidade é contraproducente. Também não convém falar de pessoas que estejam presentes, arrisca-se a exagerar na lisonja ou a dizer uma calúnia.

118

GANHE FAMA
DE CORDIAL

A cordialidade é a coisa mais importante em qualquer relacionamento, encanta, cativa e granjeia a boa vontade de todos, assim como a grosseria obtém apenas desprezo e má vontade. Quando resulta de orgulho, a grosseria é detestável; quando refere-se a falta de modos, é desprezível. É preferível a cordialidade excessiva à falta dela; e a cordialidade não deve ser igual a todos, pois seria injustiça. Entre os inimigos, a cordialidade é um dever, pois demonstra que se é um oponente valioso. Custa pouco e traz grandes benefícios, pois quem respeita é respeitado. A gentileza e o respeito têm a vantagem de se perpetuarem: uma em quem a usa, e o outro em quem o conquista.

119

NÃO SEJA MALQUISTO

Não é preciso provocar a aversão, ela vem sem ser chamada. Há pessoas que odeiam sem um motivo justo ou específico, sem saber o porquê. A responsabilidade previne a malevolência. A irascibilidade é mais eficaz e rápida para destruir do que a cortesia para construir. Existem pessoas que conseguem causar má impressão a todos, por serem desagradáveis ou de mau gênio. E uma vez que a aversão toma conta é como a má reputação: difícil de se apagar. Os homens corretos são respeitados, os maledicentes aborrecem, os arrogantes despertam antipatia, os cheios de si são abomináveis e aqueles de destacada superioridade são abandonados. Demonstre sua estima se quiser ser estimado e, se quiser ser recompensado com o sucesso, dê aos outros a sua atenção.

120

VIVA DE MANEIRA PRÁTICA

Até o saber deve acompanhar a necessidade; e onde ela for inexistente, finja ignorância. Os tempos mudam, assim como os pensamentos, as maneiras de se expressar e o gosto. Não se expresse de maneira conservadora e atualize seus gostos e suas ideias. O gosto da maioria geralmente se impõe. Deve-se seguir o gosto geral, enquanto se avança rumo à evolução, acomodando-se ao presente ainda que o passado pareça melhor, tanto nos adornos do corpo como nos da alma. Só na firmeza de caráter é que esta regra não vale, pois sempre se deve praticar a virtude. Muitas coisas passaram a ser consideradas antiquadas, como dizer a verdade e manter a palavra. Os bons homens parecem pertencer aos bons e velhos tempos, embora sejam sempre queridos. Se ainda existem alguns, são raros, e nunca imitados. Que triste época esta, em que a virtude é ridicularizada e a malícia, apreciada! As pessoas sábias vivem da melhor maneira possível, mesmo que não seja como gostariam. Preferem o que a sorte lhes concedeu ao que lhes recusou.

121

EVITE TEMPESTADE EM COPO D'ÁGUA

Algumas pessoas relevam tudo, enquanto outras fazem de qualquer coisa um drama. Levam tudo a ferro e fogo, transformam qualquer questão em controvérsia ou fatalidade. Poucos problemas são realmente importantes a ponto de justificar nosso aborrecimento. É tolice levar a sério aquilo que deveríamos dar as costas. Muitas coisas importantes perdem o valor quando desprezadas, enquanto outras, sem a menor importância, aumentam porque lhes damos atenção. No início, é fácil acabar com os problemas, mais tarde, torna-se difícil. Às vezes, o remédio causa a doença. Uma boa regra de vida é deixar para lá!

122

ELEGÂNCIA NAS PALAVRAS E NOS ATOS

A elegância abre todas as portas e conquista de antemão o respeito. Influencia tudo: a prática das virtudes, o desempenho, até o andar, o olhar, o querer. É uma grande vitória cativar o coração dos outros. A elegância não nasce de uma audácia tola nem de um enfadonho divertimento, e sim de um caráter superior enriquecido pelo mérito.

123

NÃO SEJA AFETADO

Quanto mais puras as qualidades de uma pessoa, menos afetação ela demonstra. A afetação é um defeito vulgar, tão maçante para os outros, quanto incômodo para quem a exibe, pois é um tormento ter de manter as aparências. As qualidades mais louváveis perdem o valor por causa da afetação, pois são atribuídas a um artifício em vez de a um talento natural, e o natural é sempre mais agradável. Normalmente, os afetados são tidos como alardeadores de qualidades que não possuem. Quanto melhor uma pessoa é em alguma coisa, mais deve tentar disfarçar seus esforços, de modo que a perfeição pareça uma consequência natural. Para fugir da afetação, não se deve, tampouco, fingir não a ter. O homem discreto não deve demonstrar que tem consciência de seus próprios méritos, pois o menor deslize chamará a atenção dos outros sobre si. Quem guarda suas qualidades para si mesmo é duas vezes superior. Os elogios devem vir de fora para dentro, e não ao contrário.

124

FAÇA-SE DESEJADO

Poucas pessoas conquistam a simpatia dos outros, então considere-se feliz se conseguir ganhar a dos sábios. A melhor maneira de conquistar e preservar o grande privilégio da estima é destacar-se em suas qualidades e naquilo que faz. Fazer com que suas qualidades se tornem indispensáveis, para que as pessoas digam que a ocupação precisa de você, e não o contrário. Alguns honram sua posição, outros são honrados por ela. Não é vantagem alguma ser considerado bom só porque o sucessor é ruim, pois isso não significa que você seja querido de fato, e sim que o outro é detestável.

125

NÃO CONTROLE
DEFEITOS ALHEIOS

Prestar atenção às imperfeições alheias revela que a própria fama está arruinada. Alguns gostam de disfarçar ou justificar os próprios defeitos realçando os dos outros: este é um consolo para os tolos. Quem cava mais fundo fica mais sujo e poucos escapam de ter algum defeito, seja por herança, seja por aliança. Só quando somos pouco conhecidos é que nossas falhas são desconhecidas. Quem é sensato não deve registrar os defeitos alheios, para não se tornar o tipo de pessoa que todos preferem evitar.

126

SE COMETER TOLICE, DISFARCE

Esconda seus sentimentos, e ainda mais suas falhas. Todo mundo erra, mas com uma diferença: os sábios disfarçam seus erros, já os tolos anunciam até os que ainda estão por cometer. A boa reputação depende mais da cautela do que do fato. Se não pode ser casto, seja cauteloso. Os deslizes dos grandes homens são mais evidentes, como os eclipses do Sol e da Lua. Não devemos confessar nossos defeitos aos amigos e nem a nós mesmos, se possível. Aplica-se aqui outra regra do bem viver: saber esquecer.

127

NATURALIDADE E GRAÇA

Dão vida ao talento, voz à expressão, alma às ações e realçam, até mesmo, os dons mais elevados. As outras qualidades constituem um adorno da natureza, mas a graciosidade natural adorna as próprias perfeições: torna mais admirável até o pensamento. Deve-se mais ao talento natural e menos ao esforço, é superior inclusive à disciplina, mais rápida que a mera habilidade e alcança até o que é arrojado. Aumenta a autoconfiança e a sabedoria. Sem ela, toda beleza está morta, toda graça é desgraça. Transcende o mérito, a discrição, a prudência e a própria majestade. É um hábil caminho nos negócios e uma maneira elegante de se livrar de qualquer dificuldade.

128

GRANDEZA DE ALMA

Um dos principais requisitos do heroísmo, pois inspira todo tipo de grandeza. Eleva o gosto, envaidece o coração, estimula o pensamento, enobrece o caráter e dispõe de magnificência. Destaca-se onde quer que se encontre. A sorte, invejosa às vezes, tenta renegá-la, mas ela anseia por se distinguir. Rege a vontade, mesmo quando restringida pelas circunstâncias. A magnanimidade, a generosidade e todas as outras qualidades superiores a reconhecem como sua fonte.

129

NUNCA SE QUEIXE

A queixa sempre gera descrédito. Em vez de despertar compaixão e consolo das pessoas, exalta a paixão e a arrogância, encorajando os que ouvem nossas queixas a agir como aqueles de quem nos queixamos. Uma vez divulgadas, as ofensas que nos foram feitas parecem tornar as próximas perdoáveis. Alguns reclamam de ofensas passadas e motivam outras futuras. Querem remédio ou consolo, mas despertam complacência e até mesmo desdém. A melhor política é elogiar os favores que outros lhe fizeram, de modo a obter ainda mais. Ao comentar como os ausentes o favoreceram, você pede aos presentes que façam o mesmo, que paguem na mesma moeda. O homem atento não deve jamais divulgar o descrédito ou as desfeitas, apenas o apreço que os outros lhe têm demonstrado. Assim, conquista amigos e reduz os inimigos.

130

PAREÇA O QUE É

As coisas não são interpretadas pelo que são, mas pelo que parecem, e sobressair-se é saber mostrar-se duas vezes. O que não se vê é como se não existisse. A própria razão não é respeitada, quando não exibe uma face razoável. São mais numerosos os iludidos que os precavidos, o engano impera, pois as coisas são julgadas de fora, raramente sendo o que demonstram ser. Um belo exterior é a melhor forma de demonstrar a perfeição interior.

131

NOBREZA DE CARÁTER

A alma tem suas roupas finas, são o ímpeto e o arrojo espirituais, que fazem o coração parecer esplêndido. Nem todos possuem nobreza, pois isso exige magnanimidade. Sua primeira preocupação é sempre falar bem do inimigo e agir ainda melhor. A pessoa com essa qualidade brilha mais intensamente, quando tem a oportunidade de se vingar, pois aproveita tais situações para transformar um potencial ato de vingança numa inesperada generosidade. Nunca exibe seus triunfos e, quando estes se devem ao mérito, sabe dissimular.

132

RECONSIDERE

A segurança está em analisar as situações duas vezes, principalmente, quando não se está totalmente confiante de qual caminho seguir. Não se apresse, seja para atender a um pedido, seja para melhorar sua situação, e você encontrará novas maneiras de certificar-se de suas escolhas. Um presente é mais valorizado quando concedido sabiamente do que quando dado apressadamente, já que o que se deseja há muito tempo é sempre mais apreciado. Ao recusar, faça-o com delicadeza e deixe o "não" amadurecer um pouco, de modo que não se revele tão amargo. Na maioria das vezes, o primeiro calor do desejo já se terá dissipado e será mais fácil aceitar a recusa. Se alguém pede algo depressa, demore para conceder: é uma forma de manter o interesse.

133

DE NADA ADIANTA UM SÁBIO SOZINHO

É isso que dizem os políticos. Se todos são loucos, você não será criticado, mas, se for o único sensato, será considerado louco. O importante é seguir a corrente. Às vezes, a maior sabedoria é não saber ou fingir não saber. Temos de viver com os outros, e a maioria é ignorante. Para viver só, é preciso ser um pouco divino ou primitivo. No entanto, eu moderaria este aforismo dizendo: antes um sábio entre muitos do que um louco sozinho.

134

DUPLIQUE O QUE FOR NECESSÁRIO

Fazer isso é duplicar a vida. Não dependa de uma única coisa, nem limite qualquer recurso, não importa quão raro e excelente seja. Duplique tudo, principalmente as fontes de benefício, privilégio e bom gosto. A mutabilidade da lua é transcendente e estabelece o término da permanência. E mais mutáveis ainda são as coisas que dependem da frágil vontade humana. Acumule suprimentos para os períodos de fragilidade. Constitui uma grande regra de vida duplicar as fontes de felicidade e lucro. Assim como a natureza duplicou os membros do corpo mais importantes e mais expostos, a arte deve duplicar as coisas das quais dependemos.

135

NÃO SEJA DO CONTRA

Para não ser considerado tolo e irritante. O bom senso deve aniquilar esse tipo de comportamento. Apresentar objeções a tudo pode ser original, mas o teimoso é quase sempre um tolo. Alguns transformam conversas agradáveis em discussões e são mais inimigos dos íntimos do que daqueles com quem não se relacionam. Assim como é na parte mais saborosa da carne que há mais osso, o espírito de contradição arruína momentos felizes. Quem é do contra, além de insuportável, é tolo.

136

IR AO ÂMAGO DAS QUESTÕES

Vá direto ao assunto. Muitos criam discussões sem fim, põem seus esforços a perder falando sem parar, argumentando inutilmente, sem ir ao âmago da questão. Dão voltas e mais voltas, cansando a si mesmos e aos outros, e nunca chegam ao que importa. Possuem mente confusa e não sabem como começar. Desperdiçam tempo e paciência naquilo que seria melhor ignorar e, depois, não há mais tempo para o que deixaram de fazer.

137

O SÁBIO SE BASTA A SI PRÓPRIO

Um amigo, um homem universal, basta para substituir Roma e o resto do universo. Que cada um seja esse amigo para si mesmo, e será capaz de viver por si só. De quem poderia sentir falta se nenhum gosto e nenhum intelecto é superior ao seu? Dependerá apenas de si próprio; e a maior felicidade é assemelhar-se ao Ente Supremo. Quem for capaz de viver por si só não terá nada de bruto, mas muito de sábio, e tudo de Deus.

138

NÃO SE INTROMETA

Ainda menos em situações conturbadas. Os relacionamentos humanos têm tumultos, tempestades de vontade, ocasiões em que é mais sensato retirar-se para um porto seguro e deixar as ondas se acalmarem. Os remédios muitas vezes pioram os males. Em certos casos, deve-se deixar a natureza agir, em outros, a moralidade. O médico experiente sabe quando prescrever um medicamento ou não, pois, às vezes, a solução está em não administrar remédios. De vez em quando, dar de ombros é uma boa maneira de resistir a uma tormenta. Dando tempo ao tempo, conquistará a vitória. Se alguma coisa turvar as águas de um regato, é inútil fazer esforços para limpá-las; com a continuidade e o repouso, elas voltarão a ser cristalinas. Em meio ao tumulto, qualquer pequena fagulha pode agravar ainda mais a situação. O melhor remédio é deixar a confusão seguir seu curso, até que se desfaça por si só.

139

VEJA QUANDO A SORTE NÃO FAVORECE

Existem dias em que nada dá certo. Mesmo que você mude o jogo, a má sorte persistirá. Teste a sorte algumas vezes e retire-se se perceber que ela não está do seu lado. Até a inteligência tem seus pontos falhos: ninguém pode ser sábio o tempo todo. Toda perfeição depende de um determinado momento: a beleza nem sempre está em forma. A discrição desmente a si própria, cedendo ou se excedendo. Cada coisa tem sua hora para se realizar. Há dias em que tudo corre mal, por mais que se tente o contrário, e outros em que, sem o menor esforço, tudo vai bem; tudo se realiza com facilidade: o intelecto está aguçado, a disposição, excelente. Tire vantagem desses dias, não desperdice um instante. No entanto, nunca considere uma questão definitivamente boa ou má; todas as coisas podem ser frutos da boa sorte ou do azar.

140

VEJA O LADO BOM DE TUDO

É o que tratam de fazer aqueles que têm bom gosto. A abelha vai direto à doçura, que leva à colmeia; a víbora, ao amargor de que precisa para seu veneno. Assim é com os gostos: alguns se atraem pelo melhor, outros pelo pior. Não existe nada que não tenha algo bom, especialmente os livros, que são um produto do pensamento. Algumas pessoas têm um caráter tão mesquinho que, entre mil qualidades e perfeições, encontram o único defeito, o qual criticam e aumentam. Colecionam fraquezas e falhas da vontade e da inteligência, e se sobrecarregam de infâmias e defeitos, não por serem perspicazes, e sim por castigo pela falta de discernimento. São infelizes, porque se regalam com as imperfeições e se nutrem da amargura. Mais feliz é a pessoa que, entre mil defeitos, percebe ao menos uma qualidade.

141

NÃO ESCUTE A SI MESMO

Não adianta agradar a si próprio, se você não agrada aos outros, pois a presunção gera apenas desprezo. Ao se dar crédito, você acumula débitos para com os outros. É impossível falar e ouvir a si próprio: falar sozinho pode ser considerado coisa de gente maluca, mas gostar de ouvir a si mesmo na frente dos outros é uma loucura ainda maior. Há pessoas que usam repetidamente expressões como "Certo?", "Não é?", "Entende?", cansando os ouvintes em busca de aprovação ou lisonja e revelando dúvida quanto à própria opinião. Os orgulhosos também gostam de ter eco ao falar, sua conversa é extremamente arrogante, precisando sempre do fútil e tolo "Muito bem, apoiado!".

142

NÃO DEFENDA
O LADO ERRADO

Só porque o adversário se adiantou e escolheu o melhor. Trata-se de uma batalha já perdida, o bem nunca será suplantado pelo mal. Se seu oponente foi esperto a ponto de perceber o certo, seria tolice de sua parte defender o errado. Aqueles que são obstinados nas ações se arriscam mais do que os teimosos nas palavras, pois é sempre mais arriscado fazer do que falar. A ignorância dos teimosos impede que enxerguem a verdade e a praticidade, para eles é mais importante contrariar e competir. As pessoas prudentes ficam do lado da razão, não da paixão, seja porque se preveniram, seja porque se corrigiram a tempo. Se o adversário for tolo, o desejo de contrariar o fará seguir o caminho oposto ao seu, mesmo que seja o caminho errado. Portanto, para tirá-lo da frente, a única solução é aderir a ele: a própria insensatez e teimosia o farão mudar de lado e o aniquilarão.

143

EVITE O PARADOXO APENAS PARA NÃO SER VULGAR

Nenhum dos dois extremos gera credibilidade, pois tudo que ameaça a dignidade é insensato. A excentricidade pode, a princípio, parecer atraente e surpreender pela novidade. Contudo, depois, quando revela sua falsidade, desaba. Possui uma espécie de falso encantamento, que na política pode arruinar uma nação. Aqueles que não conseguem se destacar pela virtude adotam a excentricidade, surpreendendo tolos e tornando homens sábios em profetas. A excentricidade revela falta de discernimento e prudência, baseia-se em falsidade ou incerteza e põe a dignidade em risco.

144

CONCEDA PARA VENCER

Uma estratégia para obter o que se deseja, usada até pelos santos para resolver os problemas do céu. Trata-se de um tipo de dissimulação, útil para conquistar aliados e a boa vontade dos outros. Você demonstra ter em mente o mesmo interesse de outra pessoa, apenas para abrir caminho para os seus. Nunca trate questões de forma confusa, em especial as arriscadas. Cuidado com aqueles cuja primeira palavra costuma ser "não". O melhor é disfarçar a intenção até onde for possível, principalmente se pressentir resistência do outro lado ou, pior ainda, aversão. É uma artimanha para os que agem com segundas intenções, o que requer grande astúcia.

145

NÃO MOSTRE O PONTO FRACO

Se você não proteger um dedo machucado, tudo vai bater nele. Nunca se queixe de uma falha sua, pois a maldade alheia sempre mira aquilo que nos fere ou enfraquece. Mostre-se vulnerável e irá apenas encorajar os outros a tirar proveito disso. A malevolência está sempre alerta, procurando maneiras de pregar suas peças, usa a insinuação para descobrir onde dói e conhece mil estratagemas para cutucar as feridas. Portanto, seja cauteloso e não exponha seus pontos fracos, tanto pessoais quanto herdados, pois até a sorte às vezes gosta de atingir onde dói. Não revele o que o aflige nem o que o anima, para que o primeiro não dure e o último não termine.

146

ENXERGUE
O ÍNTIMO

As coisas raramente são o que parecem. A ignorância – que nada vê além da aparência exterior –, muitas vezes, se desilude quando penetra no interior das coisas. Em tudo, a mentira chega primeiro, arrastando uma legião de tolos atrás de si. A verdade está sempre atrasada, é sempre a última a chegar, mancando contra o tempo. Os cautelosos reservam sempre um ouvido para a verdade, agradecendo à natureza por ter lhes dado dois. O superficial engana os incautos; já a verdade vive mais oculta, para ser mais apreciada pelos sábios.

147

SEJA ACESSÍVEL

Ninguém é perfeito a ponto de nunca precisar de um conselho. Aquele que se recusa a ouvir é um tolo incorrigível. Mesmo o homem mais independente deve aceitar conselhos de amigos, e até os superiores podem aprender com os subordinados. Algumas pessoas são incorrigíveis por serem inacessíveis e caem, porque ninguém se atreve a ampará-los. Até as pessoas mais inflexíveis devem deixar uma porta aberta para a amizade, pois por ela poderá vir a ajuda. Todo mundo precisa de um amigo que se sinta livre para repreender e aconselhar. A confiança – reforçada pela lealdade e pela prudência – concede essa autoridade. Não devemos entregar nosso respeito e confiança a qualquer um, mas, sem deixar de lado a cautela, precisamos de um confidente fiel, que seja para nós como um espelho que mostra o certo e o errado.

148

A ARTE DA CONVERSAÇÃO

É essencial para uma pessoa verdadeira. Nenhuma atividade humana exige mais atenção porque nenhuma é mais comum. É através dela que perdemos ou ganhamos. É necessário ter prudência para escrever uma carta, que é a conversa pensada e escrita, e mais ainda para falar, pois a discrição é logo posta à prova. As palavras são o reflexo da alma. Para obter êxito numa conversa, é preciso adaptar-se ao temperamento e à inteligência do interlocutor. Não corrija as palavras dos outros, e muito menos as opiniões, pois isso fará com que as pessoas o evitem, impedindo-o de se comunicar. Na conversa, a discrição é mais importante do que a eloquência.

149

DEIXE OUTRO LEVAR O GOLPE

Você se protegerá da malevolência. É uma política adotada por aqueles que governam; fazer com que outro leve a culpa pelo fracasso e seja o alvo das críticas não é uma falta, mas uma habilidade superior. Nem todos podem se sair bem e não se pode agradar a todos. Portanto, procure um bode expiatório, alguém que seja um bom alvo devido à própria ambição.

150

SAIBA VENDER SEU PRODUTO

Não basta ter valor intrínseco, pois nem todo mundo tem capacidade para apreender o essencial: a maioria segue a multidão – vai porque vê as outras pessoas indo. É preciso muita habilidade para explicar o verdadeiro valor de uma coisa. Pode-se usar o elogio, pois os elogios despertam desejo, ou pode-se dar um bom nome às coisas, tomando cuidado para não usar afetação. Outro segredo é oferecer algo apenas aos sábios, já que todo mundo se julga um e quem não é quer ser. Nunca elogie algo por ser fácil ou comum: fará com que pareça vulgar e sem valor. Todos buscam algo único, a singularidade agrada tanto ao gosto quanto ao intelecto.

151

PENSE COM ANTECIPAÇÃO

Antes de tudo, planeje o amanhã. Esta é a mais importante das previdências. Quem se previne não passa apuros e está mais apto para enfrentar contratempos. Pense como resolver as situações difíceis e use o raciocínio para preveni-las e evitá-las. É preferível dormir com uma preocupação do que perder o sono por causa dela. Há pessoas que agem antes de pensar, depois procuram desculpas em vez de consequências. Já outras não pensam antes nem depois. Ao longo da vida deve-se pensar no passo seguinte para acertar o rumo, pois a precaução e a previdência são instrumentos muito úteis para viver antecipadamente.

152

FUJA DA COMPANHIA
DE PESSOAS NEGATIVAS

Pouco importa se são considerados superiores ou inferiores. Aquele que excede em perfeição supera em reconhecimento. O outro fará sempre o papel principal, e você o secundário, se obter algum respeito serão apenas sobras. Quando está sozinha no céu, a Lua compete apenas com as estrelas, mas tão logo o Sol aparece e ela some ou, se permanece, seu brilho perde a força. Evite a aproximação de pessoas que possam ofuscar o seu brilho, apenas daquelas que o realcem. Não ande com um estorvo ao lado, nem exalte outros em detrimento de sua própria reputação. Para crescer, acompanhe os superiores. Depois de crescer, os medianos.

153

EVITE PREENCHER A LACUNA DEIXADA POR ALGUÉM

Se o fizer, procure certificar-se de que reúne todas as condições para obter êxito. Lembre-se que para se igualar ao predecessor, você tem de valer duas vezes mais. Assim como é preciso ter astúcia para destacar-se ao sucessor, é preciso perspicácia para fazer frente por quem veio antes. Preencher uma vaga importante é difícil, porque o passado sempre parece melhor. Não basta igualar-se ao anterior; os primeiros sempre ficam em vantagem. É preciso ir além, ter uma habilidade que supere o predecessor em reputação.

154

NÃO TENHA PRESSA PARA ACREDITAR OU PARA AGIR

Conhecemos a maturidade de uma pessoa pelo tempo que se leva para acreditar. A mentira é comum, enquanto a credibilidade deve ser extraordinária. Conclusões apressadas provocam conflitos. Outra coisa, não duvide abertamente da honestidade dos outros. Ao tratar alguém como mentiroso, ou afirmar que ele foi enganado, seria deselegante e afrontoso. Além disso, duvidar dos outros implica que nós mesmos somos indignos de crédito. O mentiroso sofre duas vezes, pois não acredita nem é acreditado. Os sensatos pensam muito antes de agir. Há pessoas que mentem com palavras, mas também com atitudes, o que é pior.

155

DOMINE AS PAIXÕES

De tempo em tempo, pare e reflita. Isso evita ações por impulso. As pessoas sensatas agem com moderação. O primeiro passo é ter consciência de que você está sendo movido pelas emoções e conhecer seus limites, para ter controle sobre os sentimentos e saber quando parar. Por meio do raciocínio, entre e saia da raiva. Procure se controlar, pois o mais difícil na corrida é parar. É uma grande demonstração de superioridade manter a calma nos momentos conflitantes. O excesso de paixão anuvia a razão. Agora com precaução, a ira jamais sobrepujará o bom senso. A paixão é como um cavalo a galope desenfreado e a cautela, as rédeas.

156

SELECIONE AS AMIZADES

Procure analisar as amizades pela discrição e compreensão. A maioria das amizades nasce do mero acaso. Somos julgados pelos amigos que temos, e os sábios nunca se dão bem com os tolos. Gostar da companhia de alguém não faz deste um amigo íntimo. Às vezes, apreciamos seu senso de humor sem confiar totalmente em seu talento. Algumas amizades são legítimas, outras, adúlteras. As últimas são para o prazer, as primeiras são férteis e favorecem o sucesso. A percepção de um amigo vale mais do que a boa vontade de muitos outros, portanto, é melhor que as suas escolhas sejam o fator dominante, não o acaso. Os amigos sensatos afastam os problemas, enquanto os tolos os acumulam. Poucos têm amizade pelas pessoas, muitos pela fortuna.

157

NÃO SE ILUDA
COM AS PESSOAS

É a pior e a mais recorrente maneira de ser enganado. É preferível ser trapaceado no preço do que na mercadoria. Não existe nada que exija mais uma avaliação profunda e cuidadosa do que a alma humana. Há grande diferença entre entender as coisas e conhecer as pessoas. É uma grande arte compreender a personalidade e distinguir os diferentes tipos de temperamento. A natureza humana deve ser estudada igualmente como os livros.

158

USUFRUA O MELHOR
DAS AMIZADES

Relacionamentos saudáveis exigem bom senso, habilidade e discrição. Algumas pessoas são ideais para manter perto, outras são mais benéficas quando estão longe. As que não são boas para conversar podem ser boas para trocar correspondências. A distância ameniza certos defeitos que, na proximidade, podem ser insuportáveis. Não se deve buscar apenas prazer nas companhias, mas também proveito. Um amigo é tudo, e a amizade apresenta as três qualidades do bem: unidade, bondade e verdade. Poucos são aqueles que servem para ser íntimos e, quando não sabemos escolher, tornam-se ainda mais rarefeitos. Saber conservar uma amizade é mais importante do que conquistar uma nova. Procure as duradouras e entenda que um novo amigo poderá um dia ser um velho amigo, e os melhores são aqueles nos quais investimos mais tempo. A vida sem amigos é mais vazia que um deserto. A amizade multiplica o bem e divide os males. É o único remédio contra as adversidades e um alimento para a alma.

159

SAIBA TOLERAR
OS TOLOS

Os sábios são menos tolerantes, porque o conhecimento exige sempre mais. Eles têm menos paciência. O conhecimento amplo é difícil de se agradar. Epicteto diz que a regra mais importante da vida consiste em saber suportar todas as coisas: com estas palavras ele definiu metade da sabedoria. Para tolerar toda a tolice, é preciso muita paciência. Às vezes, suportamos mais daqueles de quem mais dependemos, o que nos ajuda a vencer a nós mesmos. A paciência nos traz uma inestimável paz interior, que é a felicidade terrena. Quem não sabe tolerar os outros deve se refugiar em si próprio, se é que é capaz de se aguentar.

160

FALE COM PRUDÊNCIA

Tenha cautela com os adversários e seja digno com todos os demais. Sempre há tempo para dizer uma palavra, mas nunca para apagar o que foi dito. Fale como se redigisse um testamento: quanto menos palavras, menos processos judiciais. Treine em coisas pouco importante para saber das mais importantes. A contenção e a discrição têm sempre um atrativo maior. Aquele que fala levianamente e sobre tudo, arrisca-se a ser vencido e a parecer convencido.

161

CONHEÇA OS PRÓPRIOS DEFEITOS

Qualquer pessoa, até a mais evoluída, não está isenta de defeitos. O problema está em acomodar-se a eles ou mesmo reforçá-los. Há defeitos do intelecto, que são maiores, ou mais facilmente notados, em pessoas muito inteligentes. Geralmente elas cultivam, amam seus defeitos. Dois males em um: amor irracional pelos vícios. São como manchas num rosto perfeito: incomodam os outros, mas a nós parecem charmosos detalhes. O homem que deseja se aperfeiçoar precisa se esforçar para vencer a si mesmo e aprimorar ainda mais suas qualidades, pois um defeito é mais rapidamente percebido do que qualquer qualidade. Em vez de admirarem o que temos de bom, enfatizam o ruim. Logo, nossos dons positivos são desvalorizados.

162

VENÇA A INVEJA E A MALDADE

Convém desprezar a inveja, porém a gentileza vale muito mais do que a indiferença. Não há nada mais louvável do que falar bem de alguém que fala mal de nós e não há vingança mais nobre do que vencer a inveja com méritos e talento. Cada um de nossos sucessos é uma tortura para aqueles que nos desejam infelicidade, e nossa glória é o inferno para nossos adversários. É o maior dos castigos: transformar a nossa felicidade em veneno para quem nos deseja mal. O invejoso não morre apenas uma vez, mas tantas vezes quanto seu rival for aplaudido. A fama duradoura de alguém é um castigo eterno para seus inimigos. O primeiro vive para sempre com suas glórias, os últimos, com seu sofrimento. Os clarins da fama entoam para anunciar a imortalidade de um e a morte de outros, condenando-os ao cadafalso da própria mesquinhez.

163

NÃO SE TORNE INFELIZ POR COMPAIXÃO

O que um considera infortúnio, o outro considera sorte. Não há uma pessoa feliz, sem que muitas sejam infelizes. É comum os desafortunados ganharem a compaixão dos outros, que querem compensá-los com um privilégio inútil, para insulto da sorte. Aquele que era detestado por todos na prosperidade de repente ganha piedade geral. Sua queda transforma a vingança em compaixão. É preciso observar como a sorte dá as cartas. Há pessoas que se ligam somente aos infelizes. Detêm-se ao lado da pessoa desventurada que anteriormente evitavam. Às vezes, essa atitude revela nobreza interior, mas é apenas falta de perspicácia.

164

DEIXE ALGUMAS COISAS NO AR

Para testar a aceitação e a receptividade, sobretudo quando se tem dúvida do agrado ou sucesso. Isso possibilita estudar se um empreendimento tem chance de ser bem-sucedido e permite decidir entre prosseguir ou recuar. Ao sondar a vontade dos outros, o sensato sabe onde pisa. A precaução é imprescindível para pedir, querer e agir.

165

JOGUE LIMPO

Um sábio pode guerrear, mas não com baixeza. Cada um deve agir conforme suas convicções, e não como os outros digam que deva fazer. Comportar-se com decência e dignidade numa competição é uma atitude louvável. Lute não apenas para adquirir poder, mas também para mostrar modos superiores. Vencer com deslealdade não é vitória, é rendição, e a generosidade é sempre superior. O homem íntegro não usa armas proibidas, mesmo quando uma amizade termina com ressentimento. Não destrua a confiança que um dia depositaram em você, pois tudo que insinua deslealdade contamina sua reputação. Nos homens de bem, qualquer atitude indigna causa estranheza. Na natureza nobre, não há lugar para a vilania e a mesquinhez. O homem íntegro deve orgulhar-se de que a honestidade, a generosidade e a lealdade, embora raras, fazem parte do seu caráter.

166

DISTINGA O HOMEM DE PALAVRAS DO HOMEM DE AÇÕES

A distinção é sutil, mas necessária. É como a que se faz entre o amigo que nos valoriza pelo que somos e o que nos valoriza pelo que temos. Palavras maldosas, mesmo sem más ações, são nocivas. Pior é proferir palavras boas e cometer más ações. Ninguém vive de palavras, que são como vento, nem de cortesia, que pode ser artificial. O espelho é a armadilha perfeita para pegar pássaros: só as pessoas fúteis se satisfazem com vento. Para ter valor, as palavras devem ter o respaldo de ações. As árvores que não dão frutos, apenas folhas, geralmente não têm coração. É preciso saber diferenciar as árvores frutíferas daquelas que proporcionam apenas sombra.

167

SEJA AUTOCONFIANTE

Nas situações difíceis, o melhor aliado é ter coração forte. As pessoas que têm confiança em si mesmas enfrentam melhor as adversidades, pois as fases ruins são menos desesperadoras para quem sabe seu valor. Não ceda ao infortúnio, pois este se tornará ainda mais insuportável. Há pessoas que intensificam o sofrimento, porque não sabem como lidar com ele. Aquele que conhece a si próprio supera sua fraqueza com reflexão, e os sensatos conseguem vencer tudo, até as estrelas.

168

NÃO SE TORNE UM MONSTRO DE INSENSATEZ

O mundo está cheio de pessoas fúteis, presunçosas, teimosas, excêntricas, convencidas, extravagantes, paradoxais, frívolas, fofoqueiras e indisciplinadas. Todas elas são monstros de impertinência. A monstruosidade espiritual é mais grave do que a corporal, porque contradiz uma beleza superior. Contudo, quem corrigirá toda essa leviandade? Onde falta retidão não há lugar para conselho e orientação, pois a riqueza de espírito é posta de lado por um mal concebido com desejo de aplausos imaginários.

169

MELHOR NÃO ERRAR NEM UMA VEZ DO QUE ACERTAR CEM VEZES

Ninguém olha diretamente para o sol resplandecente, mas todos o fazem quando ocorre um eclipse. Muitos acertos não atraem tanto a atenção geral quanto o único fracasso. Os perversos são mais conhecidos pelas críticas do que os bons pelos elogios. Muitos homens ficaram populares depois de fazer algo errado ou condenável, e todos os seus sucessos são insuficientes para encobrir um único deslize. Esteja certo de que a malevolência notará todos os seus defeitos e nenhuma de suas virtudes.

170

TENHA RESERVA EM TODAS AS COISAS

Não desperdice talentos nem gaste todas as suas forças em qualquer situação. Mesmo no conhecimento, retenha uma parte: você duplicará suas perfeições. É preciso sempre ter uma reserva para situações de emergência, pois um resgate oportuno é mais valorizado e respeitado do que um ataque impertinente. A prudência sempre segue um caminho seguro e, nesse sentido, é fácil compreender o estranho paradoxo: metade é mais do que o todo.

171

NÃO DESPERDICE FAVORES

Conserve os amigos úteis para eventuais ocasiões difíceis. Não gaste as boas graças e nem use seus contatos para assuntos de pouca importância. Poupe seus trunfos até que sejam realmente necessários. Se trocar muito por pouco, o que sobrará para mais tarde? Não há nada mais valioso do que poder se valer de alguém, nem nada mais precioso que o favorecimento: faz ou destrói qualquer coisa, podendo até atribuir um talento ou retirá-lo. Os sábios, quanto mais favorecidos pela Natureza e pela fama, mais invejados pela sorte. É preferível conservar e contar com a ajuda de pessoas do que apoderar-se de coisas.

172

NUNCA DISPUTE COM ALGUÉM QUE NÃO TEM NADA A PERDER

A luta será desigual: o adversário entra na briga descompromissado, pois já perdeu tudo, até a vergonha. Ao se desprender de tudo, o competidor não tem mais nada a perder e joga com todas as armas sujas. Nunca exponha sua preciosa reputação a tamanho risco. Afinal, você levou muitos anos para adquiri-la e pode perdê-la num instante, por uma causa insignificante. Um leve sopro de escândalo é capaz de congelar o suor honrado. O homem de bem sabe quanto está em jogo, sabe o que pode prejudicar sua reputação. Por isso, é cauteloso ao tomar decisões, de modo a salvaguardar sua integridade. Nenhuma vitória recupera o que se perdeu por exposição desrespeitosa.

173

NÃO SEJA MELINDROSO

Nem sequer na amizade. Há pessoas que desmoronam por nada, revelando o quanto são frágeis. Ficam ressentidas e incomodam os outros. São extremamente sensíveis, delicadas como bibelôs e não podem ser tocadas, nem por brincadeira e nem a sério. Ofendem-se por qualquer coisa, enxergam a menor das partículas de pó, mesmo sem um feixe de luz. Quem lida com pessoas assim deve ter muita cautela e nunca esquecer a delicadeza. A menor desfeita o afeta: cheio de si, é escravo da própria vontade, a qual passa por cima de tudo o mais, além de ser um idólatra tolo do próprio senso de honra. A condição de amante tem metade de diamante, na durabilidade e na resistência.

174

NÃO VIVA APRESSADO

Se você organizar seu tempo, saberá aproveitá-lo. Para muitas pessoas sobra tempo e falta felicidade, pois desperdiçam os momentos agradáveis e depois querem voltar atrás, querem comer em um dia o que mal conseguiriam digerir numa vida inteira. Antecipam os sucessos, devoram o futuro e, uma vez que estão sempre com pressa, logo concluem tudo. Até no desejo de conhecimento é preciso ter moderação, de modo que as coisas não sejam mal-aprendidas. Temos muito mais tempo do que obrigações. Seja rápido para agir, lento para apreciar.

Nós desfrutamos muito mais satisfação depois de realizar alguma coisa do que antes de fazê-la, porém as alegrias, uma vez acabadas, se transformam em tristeza.

175

SEJA UMA PESSOA
VERDADEIRA

Quem é verdadeiro tende a ficar inconformado com aqueles que não são. Infeliz é a superioridade que não é baseada em substância. Nem todos os que parecem ser homens verdadeiros são realmente. Há pessoas carentes e incompletas que se alimentam das próprias fantasias e passam uma imagem falsa. E há outras que preferem uma fantasia, ou seja, prometem muito e dão pouco. Seus êxitos e conquistas não têm base, e sua reputação é construída em cima de uma mentira atrás da outra. Só a verdade constrói uma reputação verdadeira que, sem um alicerce, logo desmorona. Uma falsidade gera outras, acabando por gerar promessas em feitos impossíveis. Tudo o que um mentiroso promete é suspeito, assim como suspeitamos de tudo que parece bom demais.

176

SAIBA OUVIR
QUEM SABE

Para viver bem, é preciso de entendimento, seja o nosso ou emprestado. Todavia, muitas pessoas não têm consciência de sua impotência, ao passo que outras se acham sábias, sem ser. Não há remédio para a insensatez, uma vez que os ignorantes, por não conhecerem a própria ignorância, nunca procuram o que lhes falta. Algumas pessoas seriam sábias, se não acreditassem que já o são. Os oráculos de prudência, além de raros, vivem ociosos, porque ninguém vai consultá-los. Pedir conselhos não diminui a grandeza nem depõe contra a capacidade. Ao contrário, fortalece a reputação. Uma boa maneira de evitar infortúnios é ouvir a voz da razão.

177

JAMAIS FIQUE ÍNTIMO DEMAIS DOS OUTROS

Nem permita que se tornem íntimos de você. Você se arrisca a perder a superioridade que a integridade lhe proporcionou e, com ela, a reputação. Os astros brilham sozinhos, a divindade requer dignidade, e a familiaridade pode propiciar o desdém. As relações humanas, quando aprofundadas, perdem o encanto, pois o convívio muito próximo revela os defeitos que a reserva ocultava. Não convém muita intimidade com quem quer que seja; nem dos superiores, pois é perigoso; nem dos inferiores, pois é indigno; e muito menos dos mesquinhos e insolentes, pois são tolos. Incapazes de perceber que lhe fazemos um favor, pensam que se trata de nossa obrigação. Familiaridade rima com vulgaridade.

178

CONFIE NO SEU CORAÇÃO

Ouça e siga o que seu coração diz. Normalmente, ele sabe o que é mais importante: é um oráculo pessoal. Muitos pereceram daquilo que temiam. Caso se prevenissem, isso não aconteceria. Algumas pessoas têm um coração muito leal, que sempre as previne, poupando-as do fracasso. Não é prudente andar à procura de males, mas sim enfrentá-los para vencê-los.

179

O SIGILO É O SELO DO TALENTO

Um coração sem segredos é uma carta aberta. Reserve em seu íntimo um lugar para guardar seus segredos: espaços e nichos onde as coisas importantes possam se refugiar. O sigilo resulta do autocontrole, e ser assim é um triunfo autêntico. Pagamos o preço quando nos revelamos, a saúde da prudência consiste na moderação interior. Aqueles que nos sondam, que nos contradizem, a fim de nos manipular, ou que induzem até o mais astuto dos homens a se trair, ameaçam a nossa reserva. Não diga o que vai fazer nem faça o que disser.

180

NUNCA SE ORIENTE PELO QUE SEU INIMIGO FARIA

O tolo nunca pensa em fazer o que faz o cauteloso, pois não tem discernimento do que convém. Não o fará, tampouco, se for discreto, a fim de dissimular sua intenção. Analise os dois lados de uma questão antes de agir e tente permanecer imparcial diante das possibilidades. Não pense no que acontecerá, e sim no que poderia ser.

181

NÃO REVELE TODA A VERDADE

Nem sempre é fácil dizer a verdade, pois ela pode machucar o coração. É preciso habilidade tanto para dizê-la quanto para omiti-la. Uma simples mentira pode destruir a reputação de honestidade: o enganado é considerado tolo, e, o que é pior, o enganador é tido como falso. Nem todas as verdades podem ser ditas: algumas devem ser guardadas pelo nosso próprio bem, outras pelo bem de uma ou mais pessoas.

182

MOSTRE UM POUCO DE AUDÁCIA

Convém moderar o conceito que temos dos outros, para não enaltecer demais a ponto de temê-los. Jamais permita que a imaginação se sobreponha ao coração. Muitas pessoas parecem louváveis até que passamos a conviver com elas. O convívio costuma trazer mais decepção do que admiração. Ninguém consegue ultrapassar os limites estreitos da humanidade, todos têm uma falha, de caráter ou de talento. A posição social confere uma autoridade aparente, mas raramente é acompanhada pelo mérito pessoal, pois a sorte, muitas vezes, pune quem está numa posição alta concedendo-lhe menos talento. A imaginação sempre toma a dianteira e faz as coisas parecerem melhores do que são. Concebe não só o que existe, mas o que poderia existir. A razão, com a experiência dos desenganos, deve ver com clareza e corrigir. Os tolos não devem ser atrevidos, nem os virtuosos devem ser medrosos. E se a audácia é útil aos tolos, não ajudará os sábios e corajosos?

183

NÃO SEJA TEIMOSO

Os tolos são teimosos, e os teimosos são tolos. Quanto mais errôneo o julgamento, mais insistem nele. O homem sensato, quando percebe que errou, admite e cede, demonstrando assim inteligência e dignidade. Perde-se mais insistindo do que se pode ganhar por vencido. Teimar numa opinião não é defender a verdade, é grosseria. Pessoas de cabeças-duras são difíceis de ser convencidas, irremediavelmente obstinadas. Capricho e teimosia, juntos, provocam insensatez. Seja firme na vontade, não na opinião. Obviamente há casos excepcionais em que não se deve deixar perder para não ser duplamente vencido: no julgamento e na execução.

184

NÃO SEJA CERIMONIOSO

Até mesmo nos reis, essa afetação parece excentricidade. Muita formalidade incomoda. Alguns países são afetados por esse estilo cerimonioso. As roupas dos tolos, idólatras da própria honra, são costuradas com esses pontos e revelam que seu caráter se baseia em pouco, pois tudo parece ofendê-los. É importante ter bons modos, mas não bancar o mestre de cerimônia. É claro que a pessoa despojada de cerimônia precisa de grande talento para se sair bem, mas a cortesia não deve ser exagerada e nem desprezada. Não mostra grandeza aquele que se atém a ninharias.

185

NÃO ARRISQUE A REPUTAÇÃO NUM ÚNICO LANCE

Se o resultado for ruim, o dano será irreparável. É comum errar, especialmente na primeira tentativa. Lembre-se que nem todos os dias são de sorte. Portanto, permita que uma segunda tentativa compense o erro anterior. Caso a primeira tentativa seja boa, definirá a segunda. Sempre deve haver espaço para o aperfeiçoamento e a apelação. As coisas dependem das circunstâncias, e a sorte nos concede o sucesso só de vez em quando.

186

SAIBA RECONHECER OS DEFEITOS

O íntegro deve reconhecer qualquer falha, por mais bem disfarçada que ela se mostre, assim como um objeto que, embora banhado a ouro, não consegue esconder a ferrugem. Os defeitos podem se revestir com uma camada de nobreza, mas nenhum é intrinsecamente nobre. Há pessoas que percebem um defeito em alguém a quem admiram e respeitam, mas não notam como esse defeito prejudica a sua grandiosidade. O exemplo superior é tão influente que nos leva a imitar até o que é ruim. A adulação imita até mesmo um rosto feio, sem se dar conta de que aquilo que é tolerável nos superiores é insuportável nos inferiores.

187

FAÇA O QUE É BOM E IGNORE O QUE É SÓRDIDO

Com o primeiro conquistamos estima, com o segundo evitamos a malevolência. Os grandes homens preferem fazer o bem a recebê-lo, sentem-se felizes por serem generosos. É difícil desagradar alguém sem desagradar a si próprio, por pena ou remorso, e os princípios mais elevados são motivados pela recompensa ou pela punição. Para que a influência do bem seja direta, e a do mal indireta, deve-se ter sempre um escudo contra o ódio e as críticas. A raiva é um instinto animal, sem perceber a causa do mal, volta-se contra o instrumento, e a mordaça, embora não tenha culpa, leva o castigo na hora.

188

ELOGIE OS AUSENTES

Eis uma atitude que reforça o seu bom gosto, fazendo com que os outros desejem sua estima. A pessoa que reconhece a perfeição hoje, continuará reconhecendo-a amanhã. Falar bem dos outros favorece a conversação e a imitação. Trata-se de uma maneira polida de enaltecer as qualidades de quem está presente. Algumas pessoas fazem o contrário, ou melhor, sempre encontram algo para criticar, bajulando os presentes e desdenhando dos ausentes. Isso funciona com quem é superficial e não tem consciência do ardil de falar mal uns dos outros. Há, ainda, aqueles que valorizam mais as mediocridades de hoje do que os prodígios de ontem. O homem prudente deve ficar atento a essas sutilezas e não se deixar influenciar pelo excesso de elogios nem se ressentir da ausência deles. O primeiro pode ser uma tática usada indiscriminadamente, e o segundo, sinal de cautela e discrição.

189

MANIPULAÇÃO DE DESEJOS ALHEIOS

A privação, quando leva ao desejo, proporciona o caminho mais eficaz para manipular alguém. Os filósofos dizem que a privação não é nada, enquanto os homens de Estado dizem que é tudo: os últimos estão certos. Algumas pessoas galgam os degraus dos desejos alheios para alcançar os próprios objetivos, tiram vantagem das dificuldades dos outros, usando-as para estimular-lhes o apetite. Consideram a carência mais eficaz do que a complacência da posse, pois, à medida que a dificuldade aumenta, o desejo se intensifica. Uma forma sutil de obter o que se quer: manter os outros dependendo de você.

190

ENCONTRE CONSOLO EM TUDO

Todos têm um consolo, até mesmo os inúteis, pois são eternos. Não há mal que sempre dure! Para os tolos, o consolo é a sorte. E a sorte é como diz o provérbio: "Os belos gostariam de ser tão felizardos quanto os feios". Para viver muito, é preciso valer pouco. O copo trincado não quebra; acaba por enjoar de tanto que dura. Parece que a sorte inveja as pessoas mais importantes, recompensa a inutilidade com a duração e a importância com a brevidade. Os grandes serão sempre poucos, e os que não servem para nada, eternos. Quanto aos desventurados, a sorte e a morte parecem conspirar para esquecê-los.

191

NÃO ACEITE CORTESIA COMO PAGAMENTO

É uma espécie de logro. Tem gente, para enfeitiçar, não precisa de poções mágicas, com o gesto certo encanta os tolos, ou melhor, os vaidosos. Vende honra e paga as dívidas com uma torrente de palavras amáveis. Aquele que promete tudo, na verdade, não dá nada; as promessas são armadilhas para os tolos. A verdadeira cortesia é um dever, a falsa é um logro e a excessiva não é dignidade, mas dependência. Quem a pratica reverencia não a pessoa, mas a riqueza e a lisonja; não para as boas qualidades, mas a favores esperados.

192

O HOMEM PACÍFICO TEM VIDA LONGA

Lembre-se: para viver, deixe viver. Quem é pacífico não apenas vive, reina. Ouça e veja, mas mantenha-se calado, pois um dia sem disputa é uma noite de descanso. Viver muito e com prazer é viver duas vezes: é fruto da paz. Tem tudo quem não se preocupa com aquilo que não tem importância. Não há tolice maior do que levar tudo muito a sério. Manter-se aberto àquilo que não interessa é tão tolo quanto não se envolver com aquilo que interessa.

193

CUIDADO COM MAL-INTENCIONADOS

A melhor defesa para proteger-se de um espertalhão é a atenção. Contra um entendido, um bom entendedor. Alguns fazem do negócio alheio o seu próprio e, se não tivermos cuidado em sempre avaliarmos suas intenções, corremos o risco de sermos passados para trás.

194

SEJA REALISTA E DESCUBRA POSSIBILIDADES

Nada cai do céu sem esforço próprio. Isso em qualquer período da vida. Muitos têm a si mesmos em alta conta, sobretudo os mais insignificantes, e cada um sonha com a boa sorte e se imagina um prodígio, alimentando esperanças que não consegue realizar. Quanto maiores as fantasias, maior também o desapontamento, portanto, seja sensato. É positivo desejar sempre o melhor, mas esteja preparado para o pior, pois assim aceitará com mais serenidade um resultado adverso. É bom mirar alto, mas não a ponto de perder o alvo. Ao iniciar uma tarefa, adapte suas expectativas. Onde falta experiência, é comum cometerem-se enganos. E a prudência é o remédio para todas as tolices. Cada um deve conhecer suas capacidades e limitações. Assim, poderá adaptar a imaginação à realidade.

195

SAIBA VALORIZAR O OUTRO

Não existe ninguém que não possa superar alguém em alguma coisa, e sempre há quem saiba mais. É útil aproveitar o que cada pessoa tem de melhor. O sábio aprecia a todos, pois reconhece os méritos e as qualidades de cada um. O tolo despreza todo mundo, porque não tem noção do que é bom e escolhe o pior.

196

CONHEÇA A SUA ESTRELA-GUIA

Ninguém é tão desamparado a ponto de não ter uma, e, se você é infeliz, é porque ainda não a reconheceu. Alguns têm fácil acesso a nobres e poderosos, sem saber de fato como ou o porquê, e a resposta é simples: a sorte os favoreceu, além do empenho pessoal. Outros são agraciados com o dom da sabedoria, alguns são mais bem-vistos em um país do que outros ou têm mais sucesso em outras cidades. Pessoas com as mesmas qualidades e méritos podem ter atividades ou status diferentes. A sorte joga as cartas como e quando quer. O ideal é que cada um conheça seu potencial e sua estrela-guia e que a siga sempre para que nunca perca o rumo.

197

AFASTE-SE DOS TOLOS

Tolo é aquele que não reconhece um tolo e, ainda mais, aquele que o reconhece e não se livra dele. Os tolos são perigosos no trato e nocivos nas confidências. Durante algum tempo, são discretos por cautela própria ou pelo cuidado alheio, mas, por fim, dizem tolices ou fazem asneiras. Quem não tem reputação prejudica a dos outros. Os tolos são sempre infelizes, é o fardo que carregam, e o infortúnio é contagioso. Eles apenas podem ser úteis como lição. São exemplos de pessoas negativas.

198

SAIBA IR ALÉM

Há nações que só reconhecem seus filhos depois que estes se aventuraram e se destacam no exterior. A pátria é como uma madrasta para os superiores, pois a inveja encontra solo fértil e reina sobre tudo, detendo-se nas imperfeições do início em vez de na grandeza alcançada mais tarde. Um mero alfinete ganhou apreço ao viajar do Velho para o Novo Mundo, e uma conta de vidro fez as pessoas desprezarem o diamante. Tudo o que é estrangeiro parece ter mais valor, seja por ter vindo de longe, seja por ser visto depois de elaborado e aperfeiçoado. Alguns foram desprezados em sua terra natal, mas alcançaram fama mundial. São respeitados por seus compatriotas porque estes os veem à distância, e pelos estrangeiros porque terem vindo de longe. Uma imagem no altar nunca será venerada por alguém que a viu, quando não passava de um tosco bloco de pedra.

199

BUSQUE ESTIMA COM CAUTELA

Jamais tente forçar a estima. O melhor caminho para uma boa reputação é o mérito, e a dedicação, se baseada no valor, é o caminho mais curto. Integridade apenas não basta, nem apenas solicitude, que é indigna, pois com ela as coisas se apresentam tão enlameadas que podem arruinar a reputação. Siga o caminho do meio: tenha mérito, mas também saiba valorizar-se.

200

APRENDA SEMPRE ALGO NOVO

De modo a não se acomodar e se tornar infeliz por excesso de ventura. O corpo respira e o espírito aspira. Se tudo fosse alcançado e obtido, só teríamos decepção e insatisfação. Mesmo a inteligência precisa ter sempre algo mais a aprender, uma curiosidade a satisfazer. O desejo nos dá alento, mas o excesso de felicidade pode ser fatal. Ao recompensar os outros, nunca os deixe completamente satisfeitos. Quando não querem nada, devemos temer tudo: sorte desafortunada. O medo começa onde termina o desejo.

201

NÃO SEJA TOLO AO PENSAR QUE É SÁBIO

A tolice tomou conta do mundo. Se resta algo de sabedoria, é insensatez diante da divindade. O maior tolo é aquele que não se vê como tal, só aos outros. Para ser sábio, não basta parecer, muito menos parecer sábio para si próprio. Você mostra sabedoria quando pensa que não sabe, e vê quando pensa que não vê. Embora o mundo esteja cheio de tolos, ninguém se considera um deles, nem receia ser mais um.

202

DIGA PALAVRAS E FAÇA OBRAS

Isso mesmo: diga o que é muito bom e faça o que é muito honroso. A primeira atitude revela uma mente superior; a segunda, um coração perfeito, e ambas são manifestação de um espírito elevado. As palavras são as sombras das obras e dos atos. É melhor ser louvado do que louvar os outros; é fácil falar e difícil fazer. As obras são a substância da vida, e as falas, o adorno. A superioridade perdura nas ações, mas perece nas palavras. As obras são fruto da reflexão prudente, já as palavras podem ser sábias, os atos heroicos.

203

CONHEÇA AS EMINÊNCIAS DE SUA ÉPOCA

Elas são poucas. Os grandes homens aparecem uma ou duas vezes em cada século. Os medíocres são comuns em quantidade e valor. As eminências são raras, pois exigem perfeição total, e quanto mais elevada a categoria, mais difícil chegar ao topo. Muitos chamaram a si mesmos de "grandes", emprestando o nome de César e Alexandre em vão. Sem os feitos, o adjetivo não passa de um sopro de ar.

204

TRATE O FÁCIL COMO DIFÍCIL E O DIFÍCIL COMO FÁCIL

A ideia é não ficar confiante ou desencorajado demais. Para que algo não se realize, basta considerá-lo feito. Em momentos de grande perigo, nem sequer pense, simplesmente aja. Não dê importância às dificuldades e siga em frente.

205

SAIBA USAR O DESPREZO

Uma maneira astuta de conseguir as coisas é desprezando-as. Quando se procura muito por alguma coisa, não a encontramos. Mais tarde, quando já desistimos, ela aparece sem o menor esforço de nossa parte. As coisas terrenas são sombras das eternas e se comportam como tal: fogem quando as perseguimos e nos perseguem quando fugimos. O desprezo é a mais política das vinganças. Uma máxima sábia é aquela que diz para nunca se defender com a caneta, pois esta deixa uma pista e glorifica os rivais, em vez de puni-los por sua insolência. Os indignos sagazmente se opõem aos grandes homens: tentam ganhar fama por caminhos indiretos, sem merecê-la de fato. Seriam desconhecidos se seus excelentes oponentes não fizessem caso deles. Não existe vingança mais poderosa que o esquecimento, enterre os outros no pó da própria insignificância. Só os tolos tentam tornar-se imortais destruindo as maravilhas do mundo e dos séculos. Uma boa maneira de calar falatórios vulgares é ignorá-los, pois contestá-los causa prejuízo e dar-lhes crédito gera descrédito. Para desencorajar a competitividade, use a complacência. Um objeto de ouro colocado à sombra não perde seu valor, mas atrai menos atenção, pois brilha menos.

206

SAIBA QUE EXISTE GENTE VULGAR EM TODA PARTE

Mesmo em Corinto e até nas famílias mais distintas. Todo mundo já experimentou em sua própria casa. Não só existe gente vulgar, como existem vulgares bem-nascidos, que são ainda piores. Refletem as qualidades do vulgar, a exemplo dos cacos de um espelho quebrado, mas prejudicam mais. Falam como tolos e criticam os outros descaradamente, são discípulos da ignorância, padrinhos da estupidez, ávidos por falatórios degradantes. Não dê a mínima atenção ao que dizem, e menos ainda ao que sentem. Conheça-os, sim, a fim de livrar-se deles: evite participar de sua vulgaridade ou ser objeto desta. Toda tolice é vulgaridade, e o vulgar se compõe de tolos.

207

BUSQUE O AUTOCONTROLE

Mantenha-se alerta, sobretudo diante dos imprevistos, pois os ímpetos das paixões desequilibram a prudência, e aí é que está o risco de se perder. Uma única faísca de fúria ou euforia é mais poderosa do que várias horas de indiferença. Em questão de segundos, podemos fazer algo que lamentaremos pelo resto da vida. O espírito astuto mantém a prudência prevenida, a fim de sondar as questões e penetrar a mente dos oponentes. Ao espionar segredos, chegam ao fundo dos maiores talentos. A contra-estratégia é controlar-se, especialmente nas emergências. É preciso muita reflexão para impedir uma paixão capaz de disparar como um cavalo. Aquele que prevê o perigo age com cautela. Uma palavra pronunciada no ímpeto da paixão pode ser insignificante para quem a diz, mas talvez seja ofensiva àquele que a recebe ou avalia.

208

NÃO MORRA DE ATAQUE DE IDIOTICE

Os sábios geralmente morrem loucos. Os tolos, sufocados pelos conselhos. Morre-se de idiotice, quando se pensa demais. Alguns morrem por sentir tudo, outros vivem por não sentir nada. Alguns são tolos porque não morrem de sentimento, e outros o são porque dele morrem. É bobagem sucumbir por excesso de conhecimento. Alguns sucumbem por entender tudo, enquanto outros vivem por não entender nada. Embora muitos morram de tolice, poucos tolos chegam a morrer de fato, pois muitos sequer começam a viver.

209

LIVRE-SE DAS TOLICES COMUNS

Para isso é preciso bom senso. As tolices comuns são sacramentadas pelo hábito. Aqueles que resistiram a uma certa ignorância muitas vezes foram incapazes de resistir à ignorância comum. É vulgar nunca se contentar com a própria sorte, mesmo quando se trata da melhor, nem se descontentar com o próprio talento, mesmo quando se trata do pior. Insatisfeitos com a própria felicidade, cobiçam a dos outros. Há quem elogia somente as coisas de ontem. O passado parece melhor, e tudo o que está fora do alcance é mais desejado. Aquele que ri de tudo é tão tolo quanto o que se aflige com tudo.

210

SAIBA USAR A VERDADE

Apesar de a verdade ser perigosa, um homem de bem não pode deixar de dizê-la. Os habilidosos médicos da alma inventaram um modo de suavizá-la, pois, quando ela causa desilusão, é o âmago da amargura. A tarefa exige habilidade e procedimento correto. Uma mesma verdade pode agradar a uns e ofender a outros. Para falar do presente, refira-se a casos do passado. Ao tratar com pessoas esclarecidas, bastam leves menções ou, talvez, seja melhor calar. Os remédios amargos não são para os príncipes; para eles, a verdade deve ser dourada com arte.

211

NO CÉU TUDO É ALEGRIA

Ao passo que no inferno, tudo é tristeza. Na Terra, que está no meio, existem ambas as coisas: vivemos entre dois extremos e partilhamos ambos. A sorte muda, nem tudo é felicidade e nem tudo é adversidade. Esta vida é um zero: por si só não vale nada, mas acrescida ao céu, vale muito. É prudente manter-se indiferente às mudanças, os sábios pouco se importam com as novidades. Nossa vida se dobra e desdobra, como uma peça de teatro, portanto tome cuidado para que termine bem.

212

SEJA SUTIL AO REVELAR SUA ARTE

Conforme os grandes mestres, eles sempre são sutis na forma de revelar suas sutilezas. Assim, conservam sua superioridade e mestria. Use a arte ao revelar sua arte. Nunca esgote as fontes de ensinamento e revelação para que sejam preservadas a reputação e a dependência. Ao ensinar, assim como ao agradar, lembre-se da antiga lição: revelar pouco a pouco a perfeição e conquistar pouco a pouco a admiração. A discrição é uma importante qualidade para viver e vencer, principalmente nos cargos mais elevados.

213

SAIBA CONTRADIZER

Eis um bom ardil para sondar os outros, pois eles se comprometem e nós não nos envolvemos em nada. A contradição aguça as paixões dos outros. Demonstrar descrença estimula as pessoas a revelarem seus segredos. Trata-se da chave para os corações fechados. Com extrema sutileza, pode-se testar a vontade e o discernimento dos outros. O desdém ardiloso por um assunto que alguém envolveu em mistério reforçará o ímpeto de trazê-lo à tona. A sua reserva faz com que o outro perca a cautela e revele seus sentimentos, senão o coração continuaria inescrutável. Fingir dúvida é a melhor maneira de satisfazer sua curiosidade: você descobrirá tudo o que quiser. Mesmo no processo de aprendizado, é um estratagema o aluno contradizer o mestre, que se empenhará para explicar e fundamentar a verdade. Desafie alguém discretamente e amplie o seu aprendizado.

214

NÃO TRANSFORME UMA TOLICE EM DUAS

Geralmente cometemos quatro para corrigir uma. Dizem que uma mentira leva à outra maior, e o mesmo acontece com a tolice. É sempre nocivo apoiar a causa errada, pior ainda é não saber esconder o erro. A imperfeição cobra seu preço, mas pagaremos ainda mais caro se a defendermos e aumentarmos. Um descuido pode fazer tropeçar o maior dos sábios, mas, se ele souber usar a outra perna, recuperará o equilíbrio. Se não souber, cairá de vez.

215

FIQUE ATENTO A SEGUNDAS INTENÇÕES

O astuto procura distrair a vontade do outro a fim de atacá-lo. Ele dissimula as intenções para obter o que quer e se põe em segundo plano, a fim de chegar primeiro. O tiro acerta em quem não toma cuidado. Fique alerta até que as intenções fiquem claras e, assim, possa perceber o artifício dos que se aproximam. Observe os rodeios para chegar ao que querem. Eles propõem uma coisa e fingem outra, ou seja, se movimentam com sutileza até atingirem o alvo de suas intenções. Cuidado com suas concessões. Às vezes, é melhor fazer os outros entenderem que você entendeu.

216

EXPRESSE COM CLAREZA E LUCIDEZ

Algumas pessoas pensam bem, mas se expressam mal. Sem clareza, os filhos da alma, ideias, conceitos e resoluções, nunca veem a luz. São semelhantes àquelas vasilhas que retêm muito, mas vertem pouco. Enquanto outras, ao contrário, dizem até mais do que sentem. O que a resolução é para a vontade, a explicação é para o entendimento. A clareza e a obscuridade são duas habilidades: os talentos claros são elogiados, os confusos costumam ser admirados por serem incompreensíveis. Às vezes, é bom ser obscuro, a fim de evitar a vulgaridade. Contudo, como alguém pode entender o que está ouvindo se quem fala não tem uma ideia clara do que está dizendo?

217

NÃO AME E NEM ODEIE PARA SEMPRE

Trate os amigos de hoje como se pudessem se tornar os piores inimigos amanhã. Uma vez que isso pode acontecer, é melhor estar prevenido. Não dê munição aos vira-casacas da amizade; eles empreenderiam o pior tipo de guerra contra você. Ao contrário, tratando-se de inimigos, deixe uma porta aberta para a reconciliação, a da cortesia sendo a mais indicada. O prazer da vingança muitas vezes se transforma em tormento, e a satisfação de ter ferido alguém, em dor.

218

NUNCA AJA POR TEIMOSIA

Toda obstinação é negativa, é fruto da paixão, que mais erra do que acerta. Há quem transforma tudo em guerra, provoca confusões sociais e sempre pensa em derrotar os outros em tudo o que fazem. Pessoas assim não sabem viver pacificamente. Elas são particularmente prejudiciais para mandar e governar. Querem fazer tudo furtivamente e tentam conseguir as coisas por meio de intriga. Contudo, uma vez descoberto o seu espírito paradoxal, só conseguem atrair raiva dos outros, que, ao contrário do pretendido, brecam ainda mais seus objetivos. Normalmente, essas pessoas não conseguem digerir os próprios problemas e se indispõem com todo mundo. Têm o discernimento afetado e, até mesmo, o coração perverso. O melhor a fazer é manter distância de gente assim.

219

NÃO SE TORNE CONHECIDO PELO ARTIFÍCIO

Apesar de que é quase impossível viver sem ele. É preferível ser prudente do que astuto. Todos gostam de ser tratados com lisura, mas nem todos agem assim. Não deixe que a sinceridade se transforme em simplicidade, nem a sagacidade em astúcia. É melhor ser venerado como sábio do que temido como astucioso. Os sinceros são amados, mas frequentemente enganados. O maior artifício é disfarçar o artifício, pois é tomado como embuste. A sinceridade floresceu no século do ouro, e a malícia, neste século do ferro. É uma honra ser considerado uma pessoa capaz, pois inspira confiança. Porém ser visto como astuto levanta a suspeita de sofisma e gera dúvidas.

220

SEM PELE DE LEÃO, VISTA A DA RAPOSA

A vida ensina que saber ceder a tempo é exceder. Aquele que consegue o que quer não perde a reputação. Na falta da força, use a habilidade. Siga qualquer um dos dois caminhos: o real, da coragem, ou o atalho do artifício. A destreza realiza mais do que a força, e os sábios têm derrotado os corajosos mais vezes do que o contrário. Quando não se consegue o que se quer, corre-se o risco de ser desprezado.

221

NÃO SEJA PROVOCADOR

Para não comprometer a si ou aos outros. Há pessoas que são extremamente inconvenientes, colocando a si mesmas em situações embaraçosas e os outros também. Estão sempre a um passo da tolice, é fácil encontrá-las e difícil conviver com elas. Uma centena de contrariedades num dia é pouco para elas. Tudo as irrita e contradizem a todos e a tudo. Com o bom senso às avessas, desaprovam tudo. Contudo, os que mais afligem nossa prudência são aqueles que nada fazem direito e falam mal de tudo. Há muitas pessoas desse tipo à nossa volta, não seja uma delas.

222

HOMEM COMEDIDO, SINAL DE PRUDÊNCIA

A língua é como uma fera selvagem, uma vez solta, é difícil fazê-la voltar à jaula. Ela é o pulso da alma. O sábio a usa para diagnosticar nossa saúde; o atento, para ouvir o coração. O problema é que justamente aquele que deveria ser mais cauteloso, costuma ser o menos. O sábio evita situações embaraçosas, comprometedoras, e mostra seu autodomínio. É circunspecto, observador, vigilante. Antes tivesse Momo, o deus do sarcasmo e do delírio, desejado olhos nas mãos a uma janela no peito.

223

NÃO SEJA EXCÊNTRICO

Independentemente da situação, seja por afetação ou por descuido. Alguns têm excentricidades notáveis e fazem coisas extravagantes que são mais defeitos do que sinais de distinção. Assim como há quem seja conhecido por uma mancha particularmente feia no rosto, existem os que são conhecidos por um certo excesso de maneirismos. Ser excêntrico apenas o fará chamar a atenção para alguma impertinência descabida que provocará risos em alguns e irritação em outros.

224

SAIBA COMO LEVAR AS COISAS

Mesmo que pareçam ruins. Tudo tem direito e avesso. Uma faca pode ferir gravemente quem a segura pela lâmina ou salvar a vida de quem a segura pelo cabo. Muitas coisas que causaram dor teriam causado prazer, se suas vantagens também tivessem sido consideradas. Sempre há prós e contras. O segredo está em saber virar as coisas a nosso favor. Elas parecem diferentes, quando vistas sob outra luz. Portanto, olhe para elas sob a luz da felicidade. Não confunda o bem com o mal. Sempre há pessoas que encontram alegria em tudo, e outras só tristeza. Trata-se de uma boa defesa contra os reveses da sorte e de uma ótima regra de vida, válida em qualquer circunstância.

225

CONHEÇA SEU PRINCIPAL DEFEITO

Todo mundo tem algum defeito. É preciso prestar atenção nele, identificá-lo para, então, combatê-lo. Caso contrário, você se tornará um tirano de si mesmo e dos outros. Dê a esse defeito uma atenção semelhante àquela que é dada por quem o reconhece e censura. Para ser senhor de si, é preciso refletir sobre si mesmo. Uma vez dominada essa imperfeição, todas as outras também o serão.

226

NÃO SE COMPROMETA

Muitas pessoas falam e se comportam, conforme as obrigações que lhe são impostas. Deixam de ser o que realmente são e sentem. Cuidado: qualquer um pode nos convencer de algo ruim. O melhor e o máximo que temos dependem do respeito dos outros. Alguns se contentam em ser corretos, mas isso não basta. É preciso ser diligente, zeloso. Agradar aos outros custa pouco e vale muito. Com palavras se compram obras.

227

CUIDADO COM A PRIMEIRA IMPRESSÃO

Há pessoas que se apegam à primeira informação que recebem e passam todas as demais para segundo plano. Normalmente, a mentira é sempre a primeira a chegar. Dessa forma, não sobra lugar para a verdade. Não satisfaça sua vontade logo de cara e analise bem a primeira proposta. Seja perspicaz! Algumas pessoas são como recipientes de bebida novos: absorvem o primeiro aroma que lhes chega, seja bom, seja ruim. Os outros, quando descobrem tal limitação, começam a tramar com malícia. Os mal-intencionados pintam a credulidade com as cores que bem entendem. Procure rever as coisas, uma, duas vezes. Alexandre, o Grande, reservava seu outro ouvido para o outro lado da história. Preste atenção a seu segundo e terceiro informantes. Deixar-se impressionar facilmente demonstra falta de sagacidade e está próximo da paixão.

228

ESQUEÇA A VOZ DA MALEDICÊNCIA

Não se torne conhecido por difamar os outros nem seja espirituoso à custa de alguém: isso é muito desprezível. Todos vão se vingar e falar mal de você, e, considerando que você é um e os outros, muitos, será derrotado imediatamente. Não vibre com as desgraças alheias, nem sequer as comente. O fofoqueiro é sempre detestável. Poderá tratar com personalidades notáveis, mas estas irão valorizá-lo como fonte de divertimento, não de prudência. E aquele que diz coisas ruins, ouve outras ainda piores.

229

ORGANIZE A VIDA COM BOM SENSO

E seja criterioso para evitar desgaste físico e emocional. A vida sem descanso é dolorosa, assim como um longo dia de viagem sem repouso.

O que torna a vida agradável é a variedade de aprendizado. Para ter uma vida bela, faça a primeira jornada aprendendo com os mortos: nascemos para saber e conhecer a nós mesmos. E os livros nos transformam fielmente em pessoas. Faça com os vivos a segunda jornada: contemple e registre tudo o que há de bom no mundo. Nem todas as coisas podem ser encontradas num único lugar. Ao distribuir os dotes, o Pai universal deu riqueza à filha menos bela. A terceira jornada pertence inteiramente a você: filosofar é o prazer mais elevado de todos.

230

ABRA OS OLHOS A TEMPO

Nem todos os que veem têm os olhos abertos, nem todos os que olham veem. Perceber a realidade demais não traz alívio, só pesar. Alguns começam a enxergar, quando já não há nada para ver. Perderam a casa e os interesses antes de encontrar a si próprios. É difícil incutir compreensão em alguém sem vontade, e ainda mais difícil incutir vontade em alguém sem compreensão. Aqueles que os cercam andam em voltas como cegos, zombando deles. Sendo surdos a conselhos, não abrem os olhos para ver. Não falta quem encoraje essa cegueira: para serem, dependem de os outros não serem. Infeliz o cavalo do cego: dificilmente engordará.

231

NUNCA MOSTRE COISAS INACABADAS

Dedique-se para que sejam apreciadas em sua perfeição. Todo início é disforme, e a imagem da deformidade é mais marcante e permanente. A lembrança de ter visto algo imperfeito turva nosso prazer, quando ele se completa. E contemplar um objeto grande com um único olhar nos tolhe o julgamento sobre as partes, mas satisfaz nosso gosto. Mesmo a iguaria mais deliciosa pode causar repulsa, enquanto está sendo preparada. Os grandes mestres cuidam para que suas obras não sejam vistas durante a criação. Aprenda com a natureza, e não se mostre até que seja apresentável.

232

TENHA UM POUCO DE COMERCIANTE

Nem tudo deve ser especulação, é preciso ação. Os mais sábios são os mais fáceis de se enganar: podem saber coisas extraordinárias, mas não sabem nada sobre as necessidades comuns da vida. A contemplação das questões sublimes desvia-lhes a atenção das corriqueiras e, ao demonstrarem alheamento sobre as coisas básicas da vida, uma área em que todos os demais são tão perspicazes, ou fascinam ou são considerados ignorantes pela maioria. Portanto, que o homem sábio tenha um pouco de comerciante, o bastante para não ser ludibriado e ridicularizado. Que saiba alcançar resultados: pode não ser a preocupação mais elevada da vida, mas é a mais necessária. De que vale o conhecimento se não for prático? Atualmente, o verdadeiro conhecimento está em saber viver.

233

NÃO CONFUNDA A ESTIMA DOS OUTROS

Muitos causam dor em vez de prazer. Alguns tentam agradar e acabam irritando, porque não entendem a natureza alheia. A mesma coisa que lisonjeia alguns insulta outros, o que se considerou um favor se transforma em ofensa. Às vezes, teria dado menos trabalho agradar do que aborrecer. Perde-se a gratidão e arruína-se o talento, quando se desconhece a forma de agradar aos outros. Sem entender a natureza de alguém, você não conseguirá satisfazê-lo. É uma das causas dos mal-entendidos, muitas vezes irremediáveis; ao acreditar estar sendo agradável, estar na verdade magoando. Há também aqueles que pensam em lisonjear com a eloquência, quando na realidade tudo o que conseguem é irritar.

234

ZELE PELA PRÓPRIA
REPUTAÇÃO E DO OUTRO

O dano por falar demais e os benefícios do silêncio devem ser recíprocos. Quando a honra está envolvida, todos devem partilhar os mesmos interesses, e um deve zelar pela reputação do outro. É melhor não confiar nos outros, mas, se o fizer, que seja com arte, de modo que ceda espaço à prudência e à cautela. Dividam o risco, para que ambos persigam um interesse comum e para que seu confidente não se transforme numa testemunha contra você.

235

SAIBA PEDIR AJUDA

Parece simples, mas não é para todo mundo. Para alguns, é muito difícil. Para outros, mais fácil. Há aqueles que não sabem dizer não. Neste caso, não é preciso nenhum estratagema para lidar com eles. Outros dizem não automaticamente, daí é preciso ser mais ardiloso. Aborde-os no momento certo, surpreenda-os quando estiverem bem-dispostos, após deleitar a mente ou o corpo. A menos, é claro, que estejam bem atentos para perceber sua intenção. Os dias de boa maré são os ideais para se conseguir favores, pois a alegria flui do interior para o exterior. Não importune a pessoa se ela estiver irritada ou triste, pois o próprio problema que a atormenta sempre terá prioridade para ela. Respeite e espere essa fase de preocupações passar para, então, depois pedir ajuda.

236

RETRIBUA FAVORES

Trata-se de uma artimanha dos grandes políticos. Conceder favores em vez de apenas recompensar o mérito demonstra nobreza. Os favores antecipados são ainda mais compensadores, pois, além de despertar gratidão, criam uma dívida que se torna uma obrigação moral. Trata-se de uma maneira sutil de inverter as obrigações, pois o que deveria ser uma recompensa por algo que foi feito passa a ser um incentivo para fazê-lo. Essa estratégia só funciona entre os homens íntegros e honestos. Entre vigaristas, a recompensa antecipada atua mais como freio do que como espora.

237

JAMAIS DIVIDA SEGREDOS COM SUPERIORES

Muitos sucumbiram por confiar seus segredos a outros: ao fazer confidências, tornaram-se expostos e vulneráveis. Ouvir os segredos de um príncipe não é um privilégio, e sim um fardo. Muitos quebram o espelho que os lembra de sua feiura, não suportam ver aqueles que os veem e você não será benquisto se viu algo desfavorável. Que ninguém nos deva muita obrigação, em especial os poderosos. Mas se assim for, que seja mais pelos benefícios que lhes proporcionamos do que pelos favores que nos fizeram. As confidências aos amigos são as mais perigosas de todas. Quem revela seus segredos a outro torna-se escravo, e tal violência o soberano não consegue suportar. A fim de recuperar a liberdade perdida, passará por cima de tudo, até da razão. Segredos? Não os revele e evite ouvi-los.

238

DESCUBRA A QUALIDADE QUE LHE FALTA

Muitas pessoas seriam completas se não lhes faltasse alguma qualidade, uma peça sem a qual nunca alcançarão a perfeição. Algumas poderiam ser muito mais se prestassem atenção em muito pouco. Algumas carecem de dignidade, que faria resplandecer suas qualidades. Outras carecem de delicadeza, uma falha que afeta diretamente os amigos, a família e os subalternos e que se sobrepõe a qualquer qualidade positiva. Já outras carecem de dinamismo no emprego de suas qualidades, enquanto outras não têm serenidade. Todas essas carências, se percebidas, poderiam ser facilmente corrigidas, pois o cuidado pode fazer do hábito uma segunda natureza.

239

NÃO SEJA PERSPICAZ DEMAIS

Procure, antes, ser prudente. Se aguçar demais sua perspicácia, você perderá o ponto, ou o ultrapassará. É o que acontece com a astúcia comum. A verdade assentada é mais segura. É bom ter entendimento, mas não ser pedante. Muita argumentação constitui uma espécie de controvérsia, disputa. É preferível um critério substancioso que argumente apenas o necessário.

240

SIMULE IGNORÂNCIA

Às vezes, até a pessoa mais esperta lança mão desse ardil. E há ocasiões em que o maior conhecimento está em aparentar não ter nenhum. Não é preciso ser ignorante, apenas fingir. A sabedoria tem pouca importância para os tolos, os loucos pouco se importam com a sanidade. Sendo assim, fale com cada um em sua língua. Não é tolo aquele que finge ser, pois não existe insensatez onde há artifício. A fim de ser admirado pelos outros, use uma pele de asno.

241

EVITE CAÇOAR DOS OUTROS

Aceitar uma brincadeira é uma demonstração elegante, mas praticá-la pode causar problemas. A pessoa que se mostra mal-humorada numa festa é uma besta ainda maior do que aparenta ser. Brincadeiras bem-feitas são agradáveis, saber aceitá-las é sinal de refinamento. Ao ficar amuado ou irritado, você faz com que os outros o aborreçam de novo. O melhor é não dar importância, e o mais seguro é não tomar conhecimento. Muitos problemas de relacionamentos surgem a partir de brincadeiras, não há nada que requeira mais atenção e habilidade. Antes de começar, certifique-se de quanto o gênio do outro é capaz de aceitar.

242

SEJA PERSISTENTE

Alguns começam tudo e nada terminam. De caráter volúvel, começam, mas desistem no meio do caminho. Nunca recebem elogios, porque não concluem nada. Até se esforçam, superam as dificuldades, mas não persistem até o fim. Demonstram que podem, mas não chegam à vitória. Trata-se de um defeito, uma prova de inconstância, de falta de disciplina. Se a empreitada vale a pena, compensa terminar. Se não, por que começar? Os sábios não se limitam a espreitar a presa, vão à caça.

243

NÃO EXAGERE
NA BONDADE

Que a astúcia da serpente se alterne com a inocência da pomba. Ninguém é mais fácil de enganar do que um homem bom; quem nunca mente e aquele que confia muito, nunca engana. Ser enganado nem sempre é sinal de idiotice; às vezes revela bondade. Dois tipos de pessoas se previnem do perigo: os que aprenderam à própria custa e os espertos, que aprenderam muito à custa dos outros. É preciso ser tão cauteloso para prever dificuldades quanto astuto para escapar delas. Não seja tão bom a ponto de dar aos outros a chance de serem maus. Seja parte serpente, parte pomba; não um monstro, mas um prodígio.

244

INVERSÃO DE FAVORES E VALORES

Há pessoas que transformam os favores que recebem em mérito próprio: dão a impressão de que estão concedendo um favor quando, na realidade, estão recebendo. Algumas são tão astutas que concedem honrarias ao pedir um favor; e honram os outros com seu próprio benefício. Arranjam as coisas de tal maneira que parecem estar se doando ao receber alguma coisa, invertendo as posições e lançando dúvida quanto a quem favorece quem. Obtêm as melhores coisas apenas com elogios. Ao demonstrar que apreciam alguma coisa, fazem-no de tal forma que a outra pessoa se sinta lisonjeada ou privilegiada. Conjugam o verbo obrigar na voz ativa em vez de na passiva, são melhores na política do que na gramática. Trata-se de uma grande sutileza, mas é ainda maior argúcia surpreender alguém a praticando: desfazer a troca, invertendo novamente as posições e recuperando a vantagem.

245

ARGUMENTE DE MANEIRA ORIGINAL

Eis uma prova de um talento superior. Não tenha em alta conta aquele que nunca se opõe a você, essa atitude não prova amor ou admiração. Mostra que ama e admira a si próprio. Não se deixe enganar por lisonjas: não as recompense, condene-as. Considere uma honra ser criticado, especialmente por aqueles que criticam pessoas de bem. Você deve se preocupar quando seus atos agradam a todos; isso é um mau sinal, pois a perfeição é privilégio de poucos.

246

NÃO DÊ SATISFAÇÕES A QUEM NÃO PEDIU

E mesmo que lhe peçam, não as forneça em demasia. Oferecer desculpas antes que as solicitem é incriminar a si mesmo, desculpar-se de antemão desperta suspeitas profundamente adormecidas. Os cautelosos nunca hesitam ante as suspeitas dos outros: isso seria procurar ofensa. Tentam dissimular com um comportamento resoluto e justo.

247

SAIBA UM POUCO MAIS, PREOCUPE-SE UM POUCO MENOS

Há quem pense ao contrário. Mais vale um bom ócio do que um mau negócio. O tempo é a única coisa que nos pertence, e um bem que todos têm, até aqueles que não possuem nada. A vida é preciosa demais para ser dedicada ao excesso de trabalho. Não se sobrecarregue de ocupações nem de disputas, pois isso é desperdiçar a vida e sufocar o espírito. Há quem estenda esse princípio também ao conhecimento, mas quem não sabe não vive.

248

NÃO SEJA VOLÚVEL

Há pessoas que só acreditam na última informação que ouviram. É como se seus sentidos e sua opinião fossem feitos de cera: cada um que os molda imprime sua marca, apagando as demais. São facilmente influenciados, como crianças que nunca crescem. Volúveis nos julgamentos e afeições, estão sempre em fluxo, com a opinião e o discernimento flutuantes, pendendo para lá ou para cá.

249

FAÇA O ESSENCIAL PRIMEIRO

Há quem prefira descansar primeiro e deixar o esforço e o cansaço para depois. Faça o essencial primeiro e, depois, se houver tempo, o complemento. Alguns querem vencer antes de lutar. Outros iniciam os estudos com o que menos interessa e adiam até o fim da vida aquilo que pode trazer fama e proveito. Outros ainda se tornam fúteis, assim que começam a fazer fortuna. Ter método é essencial para saber e poder viver.

250

QUANDO ARGUMENTAR ÀS AVESSAS

Para certas pessoas, tudo é invertido: sim é não, e não é sim. Se criticam alguma coisa, na verdade a admiram. Porque a cobiçam para si, tentam desvalorizá-la aos olhos dos outros. Outras evitam elogiar o bom elogiando o mau. Aquele que não considera ninguém mau não pode considerar ninguém bom.

251

MEIOS HUMANOS E MEIOS DIVINOS

Eis o conselho, sem comentários, de um grande mestre: use os meios humanos como se os divinos não existissem, e os meios divinos como se não existissem os humanos.

252

NÃO VIVA INTEIRAMENTE PARA SI

Este é um tipo comum de tirania. Quem quer ser totalmente autossuficiente torna-se egoísta. Algumas pessoas não sabem ceder, nem nas menores coisas, não abrem mão de um mínimo de sua comodidade. Nunca contam com a ajuda de ninguém, porque confiam demais na própria sorte, adquirindo uma falsa sensação de segurança. É bom precisar dos outros de vez em quando, de modo que os outros também precisem de nós. Quem tem um cargo público tem de ser um escravo público, ou carregue o fardo ou desista do cargo, diz o ditado. Ao contrário, há aquelas pessoas que se dedicam inteiramente aos outros, pois a insensatez sempre pende para os extremos, e este é um extremo muito infeliz. São pessoas que não dispõem de um dia, ou hora para si mesmas, pois devotam-se completamente aos outros. Até na inteligência e no discernimento, há aqueles que sabem dar os conselhos mais sensatos, mas não fazem a menor ideia dos próprios caminho seguir. A pessoa de bom senso e equilíbrio ajuda os outros na medida do possível, sem deixar de lado os próprios interesses.

253

NÃO SE FAÇA ENTENDER FACILMENTE

A maioria não valoriza aquilo que compreende e venera o que não compreende. Para ter valor, as coisas têm de ser difíceis: deixando uma ponta de mistério no ar, você será mais admirado e respeitado. Às vezes, é útil parecer mais sábio e mais prudente do que o necessário, mas faça-o com moderação. As pessoas superiores valorizam devidamente o bom senso, mas com a maioria é aconselhável mostrar-se de alguma maneira superior, para não dar lugar a críticas. Muitos elogiam o que não conseguem compreender. Veneram tudo o que é oculto ou misterioso, e elogiam porque ouvem elogiar.

254

NÃO MENOSPREZE UM MAL
POR SER PEQUENO

Lembre-se que um mal nunca vem sozinho, mas sempre em cadeia, assim como a boa sorte. Geralmente, a sorte e o azar são atraídos, respectivamente, pela atmosfera positiva ou negativa. E todos fogem dos azarados e se juntam aos felizardos. Até as pombas, apesar de sua ingenuidade, voam para a torre mais branca. O infeliz não tem nada: carece de si mesmo, de sua razão e de qualquer tipo de consolo. Não desperte a infelicidade quando adormecida, um tropeço não significa nada a princípio, mas a queda final pode ser fatal. Assim como nenhum bem se completa, nenhum mal se extingue totalmente. Enfrente os infortúnios enviados pelo céu com paciência e os terrenos com prudência.

255

SAIBA PRATICAR O BEM

Basta um pouco de cada vez, mas com frequência. Não conceda mais favores do que lhe podem retribuir. Não cobre agradecimentos, pois ao se ver incapaz de retribuir, a outra parte interrompe a relação. Para perder muito, é só obrigar demais; para não ter de pagar o favor, os amigos se afastam, transformando-se em inimigos. O ídolo não quer ver o escultor que o entalhou. Aquele que recebe um favor prefere perder de vista quem o concedeu. Portanto, aprenda esta sutil lição sobre dar: que custe pouco e se deseje muito, para que se estime mais.

256

TENHA CAUTELA COM TODOS OS TOLOS

Existem muitos tipos de tolos: grosseiros, teimosos, fúteis. Procure evitá-los ao máximo. Arme-se diariamente com o escudo da prudência e, assim, se protegerá dos lances da tolice. Fique de sobreaviso e não arrisque sua reputação em assuntos insignificantes, aqueles que estiverem armados de bom senso não serão atacados pela inconveniência. Acertar o rumo no trato humano é difícil, pois é como navegar em águas revoltas, cheias de recifes protuberantes em que nossa reputação pode encalhar. O mais seguro é alterar o curso, a exemplo da habilidade de Ulisses, fingindo um descuido ardiloso. E, acima de tudo, valha-se de generosidade e cortesia, que é o caminho mais garantido para se afastar das complicações.

257

NUNCA ROMPA DEFINITIVAMENTE

Ou sua reputação ficará em pedaços. É mais fácil ser inimigo do que um bom amigo. Poucos são capazes de praticar o bem, e quase todos são capazes de praticar o mal. No dia em que rompeu com o escaravelho, nem a águia se sentiu segura aninhada no peito de Júpiter. Se você disser alguma coisa abruptamente demais, provocará a raiva dos hipócritas, que apenas aguardavam a oportunidade. Os amigos a quem magoamos se tornam nossos maiores inimigos: a seus próprios defeitos acrescentam todos os nossos. Os outros, ao nos ver romper com alguém, falam o que sentem e sentem o que desejam. Criticam nossa conduta ou no início da amizade, por falta de prudência, ou no fim, por ter esperado tanto tempo. Se a única solução é o rompimento, que seja justificável: antes com menos favores do que com uma explosão violenta. Afaste-se com elegância!

258

PROCURE QUEM AJUDE A SUPORTAR OS INFORTÚNIOS

Assim você nunca estará só, nem mesmo em situações de risco, e não terá de enfrentar a carga total do ódio alheio. Algumas pessoas querem assumir sozinhas o controle de tudo, e tudo o que conseguem é ser o único alvo das críticas. Portanto, tenha sempre alguém que possa ajudá-lo a enfrentar as adversidades. Nem a sorte nem a vulgaridade se atrevem a atacar os dois. Os médicos, tendo falhado no tratamento, não erram em consultar alguém que possa ajudá-los a carregar o caixão. Dividem o peso e o pesar, pois aguentar o infortúnio sozinho é duplamente insuportável.

259

EVITE AS AFRONTAS

Afinal, é mais sensato evitar ofensas do que vingar-se delas. Requer grande habilidade transformar um rival em aliado. Aqueles que teriam atacado sua reputação se tornam seus protetores. É muito útil saber colocar os outros em dívida para conosco. Não deixa tempo para o insulto quem o preenche com agradecimentos. Transformar pesares em prazeres é saber viver. Faça da malevolência sua aliada!

260

SAIBA PARA QUEM ABRIR O CORAÇÃO

Os laços sanguíneos não bastam, nem a amizade e nem mesmo o mais forte senso de obrigação são suficientes. Dar a alguém o coração é muito diferente de dar-lhe a vontade. A união mais íntima admite exceção, nem por isso se ignoram as leis da cortesia. Não contamos todos os segredos a um amigo, nem um filho revela tudo ao pai. De algumas coisas calamos com uns e falamos a outros e vice-versa. Há coisas que podemos confessar e outras que precisamos reter. Para cada desabafo, um confidente diferente.

261

NÃO PERSISTA NA TOLICE

Há pessoas que começam errado alguma coisa e insistem no erro, porque consideram constância proceder assim. No fundo reconhecem, mas perante os outros defendem-se. Ao começarem com a tolice são vistos como imprudentes, ao continuar, confirmados como tolos. Nem uma promessa feita negligentemente, nem uma resolução equivocada devem nos prender para sempre ao erro. As pessoas que persistem num erro prolongam a própria estupidez e continuam incompetentes. Querem ser tolos fiéis.

262

SABER ESQUECER É MAIS UM DOM QUE ARTE

Aquilo que mais deveríamos esquecer é o que lembramos com mais frequência. A memória é traiçoeira: falha quando mais precisamos dela e funciona, quando não deveria. É ativa quando pode nos provocar dor e relapsa, quando pode nos dar prazer. Às vezes, o melhor remédio para o mal é esquecer, mas esquecemos o remédio. Convém, portanto, educar a memória, pois ela pode nos proporcionar o céu ou o inferno. Os satisfeitos consigo mesmos não se afetam: em sua tola simplicidade, estão sempre felizes.

263

O BOM PARECE MELHOR QUANDO É DO OUTRO

O ser humano tende a apreciar mais o que não tem. No primeiro dia, o prazer é do possuidor, depois dos outros. Quando as coisas pertencem aos outros, nós as apreciamos em dobro, pelo prazer da novidade e pela ausência do risco de perdê-las. Tudo parece melhor quando não nos pertence; até a água alheia parece néctar. Possuir coisas, além de diminuir o proveito, aumenta o aborrecimento, tanto por ter de emprestá-las como por negá-las. Quando temos coisas, na verdade, as mantemos para os outros, e são mais os inimigos que exigem a permissão de usufruir delas do que os agradecidos.

264

NUNCA SE DESCUIDE

A sorte gosta de pregar peças de vez em quando, e não perderá a oportunidade de pegá-lo desprevenido. A inteligência, a prudência, o valor e até a beleza são sempre testados, pois a menor atenção pode levar a um acidente fatal. Quanto mais cautela precisamos ter, menos temos, e não refletir é uma armadilha certa para o fracasso. As pessoas cautelosas observam com atenção nossas qualidades. Conhecendo os dias de ostentação, a astúcia os deixa passar. Contudo, quando menos se espera, somos postos à prova.

265

EMPENHE-SE E SE SUPERE

Um empenho, no momento certo, transforma muitos em pessoas vitoriosas, assim como a ameaça iminente de afogamento faz nadadores. Foi dessa forma que muitos descobriram o que valiam e quanto sabiam, caso contrário tudo teria permanecido intacto, sem resultado. São as situações difíceis que dão a oportunidade de ganhar fama. E uma pessoa nobre, quando vê sua honra em risco, pode fazer mais do que mil. Essa sutileza fez grandes homens.

266

NÃO SEJA FRACO DEVIDO AO EXCESSO DE BONDADE

Zangar-se também é preciso! Quem não sente nada, falta personalidade. O fato de nunca se zangar não é um sinal de insensibilidade, e sim de incapacidade. Reagir intensamente, quando as circunstâncias exigem, é um gesto de afirmação pessoal. Até os pássaros fazem troça dos espantalhos. Alternar o amargo com o doce revela bom gosto: a doçura sozinha é para crianças e tolos. Ser bom demais, depois de um certo ponto, constitui um grande mal.

267

DIGA PALAVRAS SUAVES

As flechas trespassam o corpo. As más palavras, a alma. Uma boa guloseima adoça a boca. Vender ar é uma habilidade sutil. A maioria das coisas é paga em palavras, e elas sozinhas realizam o impossível. Negocia-se no ar com o ar, e o alento superior alenta mais. É preciso ter sempre a boca cheia de açúcar para adoçar as palavras que apeteçam até aos seus inimigos. A única forma de ser amável é ser suave.

268

AJA NA HORA CERTA

Os cautelosos e os tolos fazem a mesma coisa, a diferença está no momento. Os primeiros agem na hora certa, os últimos, na hora errada. Quem começa usando a inteligência às avessas fará tudo o mais da mesma maneira. Esmaga sob os pés aquilo que deveria ter mantido na cabeça. E mais: transforma direita em esquerda e falha o tempo todo. Existe apenas um bom meio de ver a luz: o mais cedo possível. Caso contrário, fará obrigado o que poderia ter feito com prazer. O cauteloso logo vê o que tem de ser feito cedo ou tarde, e o faz com prazer, realçando a sua reputação.

269

TIRE PROVEITO DA NOVIDADE

Enquanto for novo, será apreciado. A novidade agrada a todos por conta da mudança; sentimos o paladar renovado. Uma mediocridade nova é mais apreciada do que um prodígio conhecido. Até o que é excelente se desgasta e acaba envelhecendo. Lembre-se de que a glória da novidade é passageira, em pouco tempo perde-se o respeito que se tinha. Tire proveito dos primeiros frutos da estima e agarre o que puder, pois, passado o calor da novidade, as paixões esfriam, e o prazer se transforma em irritação. Não se esqueça que todas as coisas têm seu momento, e todas passam.

270

NÃO CONDENE SOZINHO

Se alguma coisa agrada a muitos, algo de bom deve ter. E, por menos que se entenda, valorize. A excentricidade é sempre antipática; e quando errada, é ridícula. Desacredita mais a pessoa que critica do que o objeto criticado, e condena o crítico a ficar sozinho com seu mau gosto. Quem não consegue ver o lado positivo de alguma coisa que é venerada por todos deve disfarçar sua limitação e não criticar com meias palavras. O mau gosto geralmente nasce da ignorância. O que todo mundo diz ou é ou quer ser.

271

SE SABE POUCO, ATENHA-SE AO MAIS SEGURO

Ao agir dessa forma, mesmo que não o considerem inteligente, você inspirará confiança. Aquele que sabe pode se dar ao luxo de arriscar, mas arriscar-se sem saber é jogar-se voluntariamente num precipício. Quando não conhecemos o caminho, não saímos da estrada principal, pois não sabemos onde vão dar os atalhos. O experimentado e testado é sempre seguro. Não importa do que se trate, sabendo ou desconhecendo, a segurança é sempre mais prudente do que a excentricidade.

272

VENDA AS COISAS PELO PREÇO DA CORTESIA

Assim você fará com que os outros se sintam mais obrigados. O pedido do interessado nunca chegará até onde o generoso está disposto a dar, mesmo que lhe deva uma obrigação. A cortesia não dá simplesmente, mas obriga à reciprocidade. E a delicadeza é sempre bem-recebida. Para o homem de bem, nada é mais precioso do que aquilo que é oferecido de graça. No entanto, para os homens mesquinhos, a delicadeza não passa de palavreado, pois eles não entendem a linguagem das boas maneiras.

273

CONHEÇA A NATUREZA DA PESSOA COM QUEM LIDA

Ao conhecermos o caráter das pessoas com quem relacionamos, conhecemos suas intenções. Quando se conhece a causa, se conhece o efeito. O efeito nos revela o motivo. A pessoa negativa é sempre pessimista, agourenta; a maledicente só vê os defeitos. Quem é dominado pela paixão não consegue ver as coisas como são, pois a emoção se sobrepõe a razão. Cada qual se expressa de acordo com sua natureza e personalidade, e todos estão longe da verdade. É preciso saber decifrar o rosto para descobrir as feições da alma. Saiba que aquele que sempre ri é tolo, e quem nunca ri é falso. Cuidado com quem sempre questiona, seja por indiscrição, seja por interesse. Não espere muito das pessoas feias ou cuja aparência física deixa muito a desejar: elas tendem a querer vingar-se da Natureza por não as ter favorecido. Muitas vezes, a tolice é diretamente proporcional à formosura.

274

A ATRAÇÃO É UM FEITIÇO POLITICAMENTE CORTÊS

Que a simpatia e a cortesia cativem e conquistem a boa vontade dos outros, e também seus favores. Não basta ter mérito se não agradamos, é isso que faz com que nos admirem e elogiem, e a aclamação é o instrumento mais útil que temos para controlar os outros. Atrair simpatia pode ser uma questão de sorte, mas também pode ser promovido pelo artifício, que funciona melhor quando aliada a dons naturais. A simpatia leva à benevolência e, por fim, à graça universal.

275

CONDESCENDENTE, MAS NÃO INDECENTE

Não se mostre sempre sério ou rígido: é uma questão de boas maneiras. É preciso ceder um pouco no decoro para conquistar a afeição de todos. Às vezes, pode-se seguir o caminho da maioria, mas faça-o sem perder a dignidade: aquele que é tomado por tolo em público não será tomado por sábio em particular. Pode-se perder mais num dia de excessiva descontração do que se ganhou em anos de seriedade. Não se deve ser sempre excepcional, pois ser excêntrico é condenar os outros. Mesmo o melindre em questões espirituais é ridículo.

276

SAIBA RENOVAR O CARÁTER COM NATURALIDADE E COM ARTE

A posição de uma pessoa muda a cada ciclo: que essa mudança aprimore e eleve seu gosto. Após os primeiros sete anos de vida, chegamos à idade da razão; daí em diante, que se alcance uma nova perfeição a cada sete anos. Observe essa mutação natural e promova-a, e espere que os outros se aprimorem também. É por isso que muitos mudaram seu comportamento, estado ou ocupação. Às vezes, não se percebe de imediato até que se veja a flagrante diferença: aos vinte anos de idade, você é um pavão; aos trinta, um leão; aos quarenta, um camelo; aos cinquenta, uma serpente; aos sessenta, um cachorro; aos setenta, um macaco; e aos oitenta, nada.

277

OSTENTE AS QUALIDADES

Para cada uma delas, há um momento certo. Aproveite-o; ninguém pode triunfar todos os dias. Existem certas pessoas nas quais, curiosamente, o que é pouco brilha muito, e o que é muito brilha com tanta intensidade a ponto de surpreender. Quando se tem dons e qualidades para exibir, o resultado é fenomenal. Há nações que sabem deslumbrar, os espanhóis o fazem melhor do que qualquer outro povo. Tão logo o mundo foi criado, surgiu a luz para exibi-lo: a ostentação satisfaz, supre o que está faltando e dá a tudo uma segunda existência, ainda mais quando se baseia na realidade. O céu, que confere perfeição, nos incentiva a mostrar nossos dons. Fazer isso requer habilidade; até o mais excelente dos homens depende da circunstância, que nem sempre é apropriada. A ostentação não funciona fora de época. Nem devemos, tampouco, nos exibir de modo afetado, pois a ostentação beira a futilidade, que gera desprezo. Devemos exercitá-la com moderação, de modo a não a transformar em vulgaridade. Entre os sábios, a exibição exagerada de dons não é tida em alta conta. Com frequência, envolve uma certa eloquência muda, um mostrar a perfeição como por descuido. A dissimulação sensata é o melhor caminho para conquistar admiração, pois a privação desperta a curiosidade. Requer habilidade não revelar toda a perfeição de uma vez, mas fazê-lo pouco a pouco, sempre acrescentando. Que cada ocasião gloriosa o lance a outra maior, e que os aplausos concedidos à primeira aumentem a expectativa em relação às seguintes.

278

NÃO CHAME A ATENÇÃO PARA SI MESMO

Quando as pessoas percebem essa atitude, as qualidades se transformam em defeitos. Isso nasce da singularidade, que sempre foi censurada: o excêntrico sempre é abandonado. Mesmo a beleza, se for excessiva, é desfavorável, e fazendo-se notar, ofende, principalmente, quando exibida sem tato. Até a inteligência, se pavoneada, é interpretada como bravata.

279

NÃO RESPONDA A QUEM O CONTRADIZ

Certifique-se primeiro se a pessoa é perspicaz ou simplesmente vulgar. Nem sempre se trata de diferença de opinião ou mesmo de teimosia; às vezes, é um ardil. Portanto, fique atento e não se deixe pegar pelo primeiro, nem se abater pelo segundo. Ninguém exige mais cautela do que um espião, e, tratando-se de alguém que prepara armadilhas para as mentes, proteja-se trancando-a com a chave da cautela.

280

SEJA UM HOMEM HONRADO

Os bons modos hoje em dia são raros, as dívidas de gratidão não são respeitadas, e poucos dão aos outros o tratamento que merecem. Os serviços mais importantes são os menos recompensados; este é o costume no mundo todo: existem nações inteiras inclinadas a tratar mal os estrangeiros. De alguns, teme-se a traição; de outros, a inconstância; e de outros, ainda, o logro. Preste atenção ao mau comportamento alheio. Não para imitá-lo, mas para se defender dele, pois a sua própria integridade pode ser arruinada pela conduta desastrosa de quem está ao seu redor. O homem honrado, no entanto, não se esquece de quem é, graças ao que os outros são.

281

GANHE A APROVAÇÃO
DOS IMPORTANTES

O sim indiferente de um homem extraordinário vale mais do que o aplauso entusiasmado da multidão comum. Por que regozijar-se com os arroubos dos aldeões? Os sábios falam com compreensão, e seu louvor proporciona uma satisfação imortal. O criterioso Antígono reduziu sua plateia a Zenão apenas, e Platão considerava Aristóteles toda a sua escola. Algumas pessoas querem apenas se empanturrar de lisonjas, mesmo que de origem vulgar. Até os soberanos precisam de quem escreva a seu respeito, e temem as canetas mais do que os feios temem as pinceladas do artista.

282

VALHA-SE DA AUSÊNCIA

Para conquistar respeito ou estima. A presença diminui a fama, a ausência a aumenta. O ausente a quem se considerava um leão, quando presente se transforma num camundongo. Os mimos perdem o brilho quando tocados: vê-se a casca exterior e não o âmago espiritual. A imaginação viaja mais rápido do que a visão. O logro entra pelos ouvidos, mas geralmente sai pelos olhos. Aquele que se recolhe em si mesmo, ao núcleo de sua reputação, preserva seu bom nome: mesmo a fênix se vale da ausência para preservar a dignidade e transformar o desejo em apreço.

283

SEJA CRIATIVO,
MAS COM BOM SENSO

A criatividade revela inteligência extrema, mas quem pode tê-la sem um toque de loucura? As pessoas criativas são originais; aquelas que escolhem com sensatez são prudentes. A criatividade é também uma graça, e muito rara, visto que muitos são bons para escolher, mas poucos o são para criar com bom senso, e estes poucos foram os primeiros, na excelência e no tempo. A novidade é atraente e, quando bem-sucedida, faz o que é bom brilhar ainda mais. Em questões de discernimento, a criatividade é perigosa, pois envolve o excêntrico; em questões de inteligência, é louvável, e, quando acertadas, ambas merecem aplauso.

284

CUIDE DA
PRÓPRIA VIDA

Para ser sempre respeitado. Estime a si mesmo se quiser ser estimado, seja ambicioso consigo mesmo, não pródigo. Vá aonde é querido e bem-vindo, mas nunca venha a menos que seja chamado, nem nunca vá a menos que seja enviado. Aquele que se compromete por iniciativa própria, quando falha, atrai aversão sobre si e, quando tem êxito, não recebe nenhuma gratidão. O intrometido é objeto de desprezo; metendo-se onde não deve, será rejeitado e repelido.

285

NÃO SE AFUNDE
JUNTO AOS OUTROS

Saiba quem está atolado no lodo e espere que o procure em busca de ajuda e consolo mútuo. A infelicidade precisa de companhia, e os infelizes estendem os braços para aqueles a quem um dia viraram as costas. Cuidado ao tentar salvar alguém que se afoga. Não poderá salvá-lo sem colocar a si mesmo em perigo.

286

NÃO SE OBRIGUE A TUDO,
NEM COM TODOS

Pois isso significaria ser escravo, e de todos. Algumas pessoas nascem mais afortunadas que outras; podem fazer o bem, enquanto outras o recebem. A liberdade é mais preciosa do que a dádiva que nos faz perdê-la. Melhor que muitos dependam de nós do que nós de um só que seja, e a única vantagem de se ter poder é conseguir fazer um bem maior. Acima de tudo, não se deve tomar como um favor uma obrigação imposta pelos outros. Na maioria das vezes, foi a sagacidade alheia que o colocou em tal posição.

287

NÃO SE MOVA PELA PAIXÃO

Não podemos responder por nós mesmos quando não estamos raciocinando bem, e a paixão sempre se sobrepõe à razão. Portanto, encontre uma terceira parte prudente, indiferente à paixão. Os espectadores sempre veem mais do que os jogadores. Quando a prudência sente a aproximação de uma emoção forte, é hora de bater em retirada. Caso contrário, o sangue ferverá, e uma breve explosão poderá resultar em vários dias de mal-estar para você e a maledicência para os outros.

288

VIVA DE ACORDO COM AS CIRCUNSTÂNCIAS

Dominar, argumentar, tudo deve ser feito no momento certo. Faça as coisas quando puder, porque o tempo e a oportunidade não esperam ninguém. Não viva segundo generalidades, a menos que se trate de agir com virtude, nem espere que a vontade siga regras precisas, pois talvez amanhã você tenha de beber a água que desprezou hoje. Há pessoas tão impertinentes que paradoxalmente esperam que as circunstâncias se adaptem a seus caprichos, ajudando-os a se sair bem, em vez do contrário. Contudo, os sensatos sabem que a prudência consiste em agir de acordo com a ocasião.

289

O MAIOR PREJUÍZO DE UM HOMEM É MOSTRAR QUE É HUMANO

Os outros deixam de vê-lo como divino, a partir do momento em que passam a vê-lo como humano. A leviandade é o maior obstáculo para o prestígio, aquele que é reservado é tido como superior, ao passo que os levianos são tidos como inferiores. Nenhum vício é mais degradante, pois este se opõe totalmente à respeitabilidade. Um leviano não pode ter nenhuma substância, menos ainda na velhice, pois a idade exige prudência. E tal defeito, embora comum, pode levar a uma desgraça irremediável.

290

NÃO UNA APREÇO E AFETO

Se quiser ser respeitado, não seja amado demais. O amor é mais atrevido que o ódio, afeição e veneração não se misturam. Não seja nem muito temido e nem muito amado, já que o amor leva à intimidade e abala o respeito: seja amado com admiração em vez de com afeição.

291

SAIBA TESTAR
OS OUTROS

Que a atenção e o bom senso penetrem a seriedade e a reserva. É preciso ter um grande poder de discernimento para avaliar o outro, e é mais importante conhecer as qualidades e os temperamentos das pessoas do que as propriedades das pedras e das ervas. Trata-se de uma das coisas mais sutis da vida, os metais se identificam pelo som, e as pessoas, pela fala. As palavras revelam integridade, as ações mais ainda. É preciso ter um cuidado extraordinário, observação profunda e capacidade crítica.

292

A CAPACIDADE NATURAL DEVE SUPERAR
AS EXIGÊNCIAS DO TRABALHO

Não importa quão elevado ou prestigioso seja o cargo, mostre sempre que você é maior. O talento que possui reservas se expande e se torna mais óbvio a cada atividade: aquele que tem mente estreita e coração mesquinho se deixa surpreender com facilidade, e, no final, o peso das obrigações acaba por esmagar sua reputação. O grande Augusto se orgulhava de ser um homem melhor do que um príncipe: é preciso ter grandeza de espírito e também uma sólida confiança em si mesmo.

293

MATURIDADE

Ela brilha no exterior do homem, e ainda mais em seus hábitos. O peso material valoriza o ouro, e o peso moral valoriza uma pessoa, é o refinamento das qualidades, que causa veneração. A compostura é a fachada da alma, não constitui a insensibilidade e a tranquilidade dos tolos, conforme acreditam os fúteis, mas um confiante senso de autoridade. A maturidade se mostra por palavras sábias e por atitudes ponderadas. Considera-se um homem feito, quando ele tem tanto de humanidade quanto de maturidade e, à medida que se deixa de ser criança, passa-se a ser sério e criterioso.

294

MODERE NOS JULGAMENTOS

Cada um forma as ideias de acordo com seus interesses, e apresenta razões de sobra para defendê-las. Na maioria das pessoas, o discernimento cede à emoção. É comum dois adversários se enfrentarem, ambos convencidos de que estão certos. Contudo, a razão é verdadeira e nunca tem duas caras. Nesse tipo de confronto, o sábio procede com reflexão: de vez em quando, considera o outro lado e, com cuidado, reavalia a própria opinião. Analise seus motivos do ponto de vista do outro, dessa forma, você nem o condenará nem se justificará às cegas.

295

SEJA UM REALIZADOR

Os que mais se orgulham de seus feitos são os que menos têm motivos para isso. Transformam tudo em mistério, e o fazem com a maior negligência: são caçadores de aplausos, sempre no centro do picadeiro. A vaidade sempre foi maçante, mas a deste tipo é ridícula. Andam mendigando façanhas, formiguinhas acumulando honras. Deve-se mostrar a mínima vaidade dos próprios talentos. Contente-se em fazer: deixe os comentários para os outros. Ofereça seus feitos, não os venda: tente ser heroico em vez de apenas aparentá-lo.

296

TENHA TALENTOS MAJESTOSOS

Grandes talentos fazem homens de primeira grandeza e uma qualidade excepcional supera uma abundância de mediocridades. Já houve quem quisesse que todas as suas coisas fossem grandes, incluindo os utensílios comuns, mas os grandes devem lutar pelas qualidades espirituais elevadas. Em Deus, tudo é infinito, imenso; e, portanto, num herói tudo deve ser grande e majestoso, de modo que seus atos e até suas palavras possam se revestir de majestade grandiosa e transcendente.

297

COMPORTE-SE COMO SE FOSSE OBSERVADO

O homem que é atento para seus atos sabe que os outros o veem, ou verão. Sabe que as paredes têm ouvidos, e que o que é malfeito não tarda a ser descoberto. Mesmo quando está só, comporta-se como se todo o mundo o observasse, pois sabe que tudo será revelado. Considera agora como testemunhas aqueles que, pela comunicação, o serão depois. Não se incomoda que vasculhem a sua casa quem deseja que todos o vejam.

298

TRÊS COISAS FAZEM UM PRODÍGIO

E são o ponto alto da verdadeira nobreza: inteligência fértil, discernimento profundo e bom gosto. A imaginação é um dom notável, mas é ainda mais admirável raciocinar bem e entender o bem. A inteligência deve ser aguçada, não laboriosa. Deve residir na cabeça, não na coluna vertebral. Quando se tem vinte anos, a vontade rege; aos trinta, a inteligência; aos quarenta, o discernimento. Certas mentes brilhantes irradiam luz, como os olhos do lince, e raciocinam melhor na escuridão. Já outras sempre descobrem o que é mais relevante. As soluções lhes ocorrem com facilidade e da maneira acertada: uma afortunada fecundidade! Quanto ao bom gosto, dá sabor à vida inteira.

299

NUNCA SACIE

Deixe sempre um restinho de néctar nos lábios. O apreço é proporcional ao desejo. Assim como acontece com a sede, é bom aliviá-la, mas não a saciar. Tudo o que é bom, se for pouco é duas vezes melhor. O primeiro gole é o melhor de todos, o segundo é bom, os demais nem se comparam aos primeiros. A satisfação exagerada faz com que o objeto do desejo perca o valor. A regra mais importante para agradar é aguçar o apetite, e não o saciando completamente. A impaciência da expectativa é mais estimulante do que a saciedade do desejo. A espera intensifica o prazer.

300

SEJA UM SANTO

A virtude é o que encadeia todas as perfeições, o núcleo de toda a felicidade. Torna a pessoa prudente, discreta, perspicaz, sensível, sensata, corajosa, cautelosa, honesta, feliz, louvável, verdadeira, enfim, um ser universal pleno. Três coisas nos tornam abençoados: santidade, sabedoria e prudência. A virtude é o sol do mundo inferior, seu hemisfério é uma boa consciência. É tão encantadora que conquista a graça de Deus e a dos outros. Não há nada tão adorável quanto à virtude, nem tão detestável quanto o vício. A virtude sozinha é autêntica; tudo o mais é imitação. Talento e grandeza dependem de virtude, não de sorte. Capacidade e grandeza se medem pela virtude, não pela sorte. Só a virtude basta a si mesma. Faz-nos amar os vivos e lembrar os mortos.